HITORITABI
1NENSEI

HITORITABI
1NENSEI

HITORITABI
1NENSEI

HITORITABI
1NENSEI

HITORIT
1NE'

新装版

たかぎなおこライブラリー

ひとりたび
1年生

たかぎなおこ

新装版 たかぎなおこライブラリー とは？

コミックエッセイ作家たかぎなおこの何度も読み返したい珠玉の作品をまとめた新装版シリーズです。
発売当時に感じた著者の「ひとりたび」への想いをそのままにお伝えするため、本文中の表現や価格などのデータは、執筆当時（2006年）のまま掲載しています。

ひとりたび
してみませんか？

はじめに

どうもこんにちは、たかぎなおこです。

このたび「ひとりたび1年生」と銘打って、
1年間、いろんなところにひとりたびをしてきました。
タイトルのとおり、ひとりたびはバリバリ初心者です。

はたしてひとりたびとは楽しいのか、
はたして自分はひとりたびに向いてるのか、
はたしてひとりたびで学ぶものとは!?
…などなど深々考えつつ、
まあ自由気ままに行きたいところに行って、

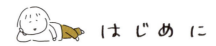

びびったり、おどおどしたりしながらも、
自分の思うように、好きなように行動してみました。

そんな私のドキドキひとりたび記でありますが、
よかったらどうぞ一緒に楽しんでくださいませ。

では出発!!

もくじ

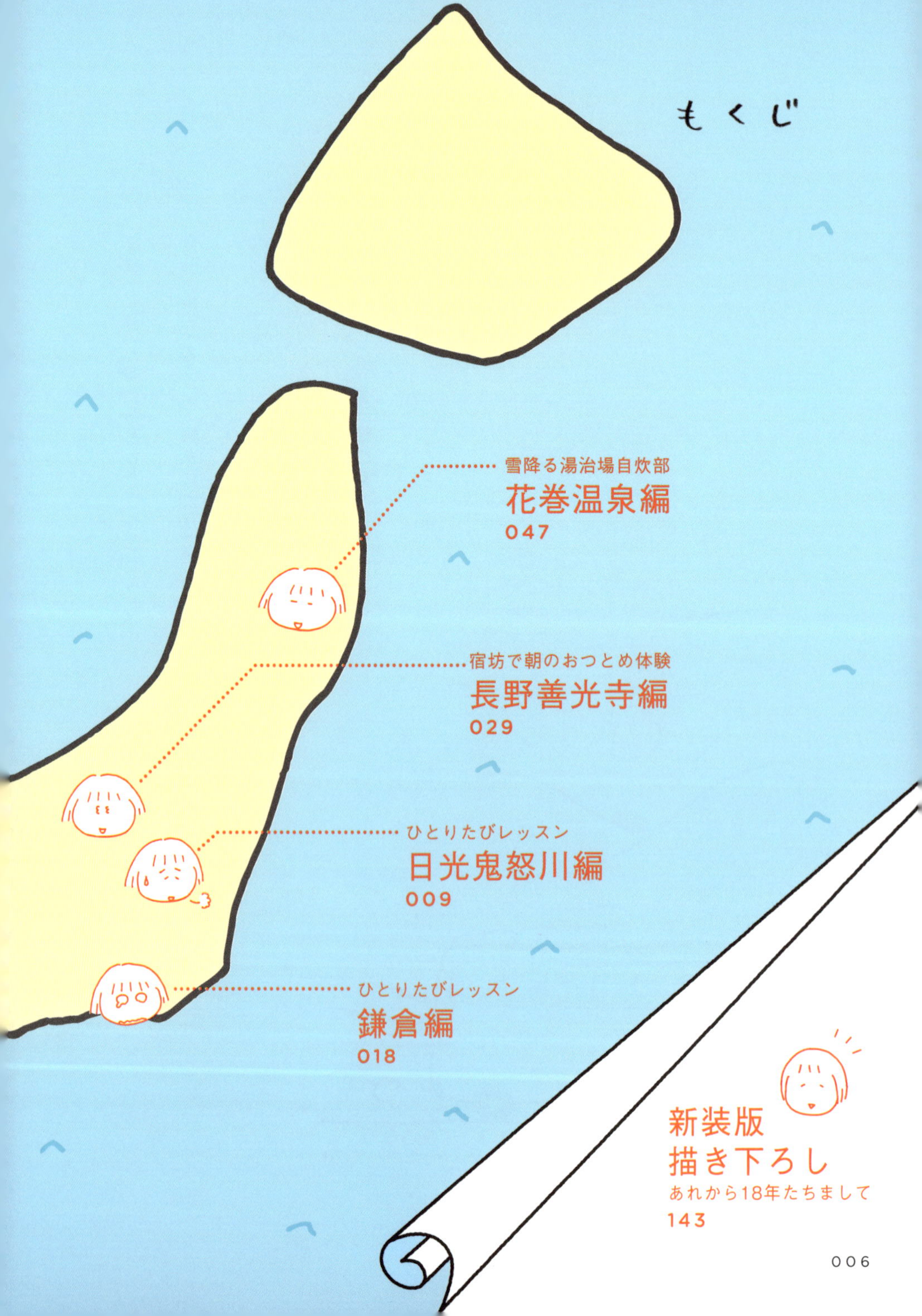

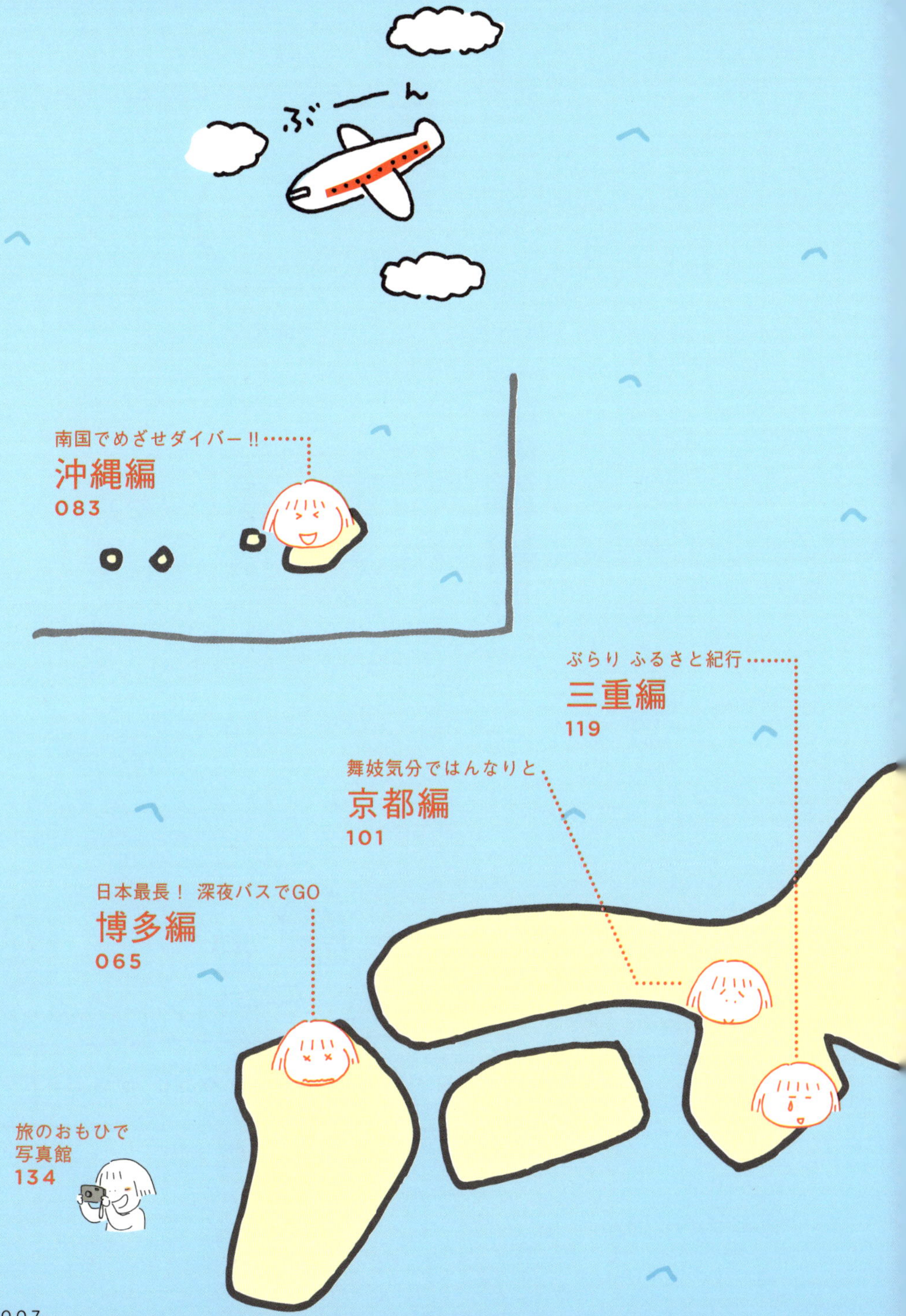
ぶーーん
南国でめざせダイバー!!
沖縄編
083
ぶらり ふるさと紀行
三重編
119
舞妓気分ではんなりと
京都編
101
日本最長！ 深夜バスでGO
博多編
065
旅のおもひで
写真館
134

ゴオー

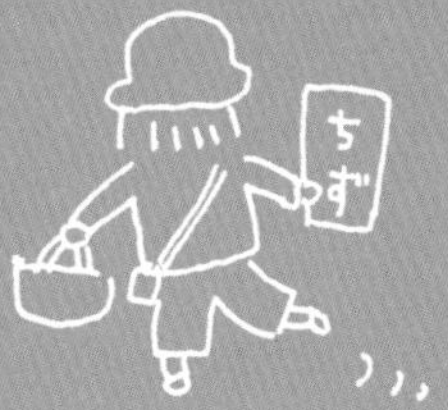

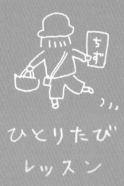

ひとりたび レッスン

日光鬼怒川編

鎌倉編

私は今まで「ひとりたび」というものを
したことがありませんでした
どっちかというとインドア派
さみしがりや
体力なし
方向オンチ
小心者
ぼけ～
POTATO CHIPS
でもまわりの人の「ひとりたびに行ってきたよー」という話を聞くたびに…
ひとりで九州に行ってきたんだー
楽しかったよ～
へえー
みやげ
ひとりで1カ月タイに行ってきたんだー
楽しかったよ～
へえー
みやげ
すごいなあー私もやってみたいなあーなんて思ったりしていて…
そこで私も思いきって…
遅ればせながら
ひとりたび1年生
お～っ!!
ひとりたびデビュー!!
ひとりたびにチャレンジしてみることにしました
だけどいきなりひとりで遠出するのは怖いので　まずは日光《にっこう》～鬼怒川《きぬがわ》の近場1泊旅行へ
浅草駅
お待たせ～
ひとりたびもいっちゃうの2人
おはよ～
日光へは浅草駅から東武線で約2時間
しかも1日めは友人2名も同行のなんちゃってひとりたび
そして1日めは3人で楽しく観光
日光東照宮
世界遺産
わ～
日光名物ゆば料理
ゆば刺しうめ～
宿泊は鬼怒川温泉
ごくらく～
舟の形をした露天風呂

だけど2日めの朝　友人達とはここでお別れとなりました
鬼怒川温泉駅
じゃあねー ひとりたび楽しんでねー
バイバーイ
う…うん…
昨日にぎやかだったぶんひとりが身にしみる…
ぽつん…
あ…あれ?
さよなら〜
はじめからひとりよりもこのほうがさみしさ倍増だったかも…?
でもせっかくの初・鬼怒川温泉
名物の鬼怒川ライン下りに
ひとりで
GO!!
ライン下り乗り場は鬼怒川温泉駅から徒歩約5分のところにありました
そば うどん
鬼怒川ライン下り乗船場
ちず
無事到着
とことこ
ソフトクリーム
老夫婦
わいわい
女友達
キャキャッ
カップル
グループ
受付
おひとり様ですね〜
チラッ
ドキドキ
やっぱりひとりで来ている人なんていないみたいだなあ〜
乗船時間まではしばらく待機
レオナルド・ディカプリオ ライン下り ご乗船して頂きました☆
へえ〜 ディカプリオが…
こういうのも昨日だったら…
わぁ〜ディカプリオも来たんだぁ〜
これタイタニックの頃かな〜?
まだ若いよね〜
なんて言い合ったりできたのになー
…とか思う。

そういえば昨日
東照宮《とうしょうぐう》の隣の
二荒山神社《ふたらさんじんじゃ》というところで
3人で輪投げをして…
入ったぁー!!
運試し 輪投げ
3つ投げて 1つでも入れば 運気良好
けっこう盛り上がったりして…
でもそのあと ふと ふり返ると…
……
あ……
ひょい
しかも入ってなかった…
男の人がひとりでもくもくと輪投げをしていた…
その男の人になぜか突然 親近感が湧いたりして…
ご乗船 乗り場のかた どうぞ〜
へへ…
これいいな…
ライン下り
竹笠 ¥600
おみやげ
乗船場までは長い階段を降りてゆく…
なんかドキドキしてきた…
ぞろぞろ
だんだん心細くなってきた私は目の前に歩いていた人を自分のお母さんだと思ってみることにしました
ちょうど年頃もお母さん
よいしょ よいしょ
するとあら不思議…
お母さん気をつけて〜
どっこいしょ
気分は母娘旅行
ちょっと気分が落ち着いてきた
靴はビニール袋に入れてご乗船くださ〜い
あらやだっ 2枚もとっちゃったわ!!
はい 1枚 あなたにあげる♡
オホホ…
ビニール袋
ぶち ぶちっ
くるっ
ぽわ〜ん
どうもありがとう
お母さん…

そしていよいよライン下りスタート
はいでは出発しまーす
ライン下り
お母さん
私
水よけビニール
乗船時間は約40分 船頭さんがいろいろガイドしてくれます
はいあれがゴリラ岩ー
おぉ
ほんとだゴリラだぁ
はいこれが積み木岩ー
ああ〜
なるほどね
はいそれが妊婦岩ー
おなか？
頭？
し〜ん…
私の隣にはアツアツカップルがあたってしまい ちょっと気まずかったのだけど……
美男美女
外国人さん
ひざだっこ
お母さん
…
大自然のきれいな景色を見ているうちに そんなこともひとりのさみしさも…
チュンチュン
そよそよ
うふふ…
キラキラ
ざぱーん
どうでもいいような気がしてきたりして…
のどかな気持ちになれてなかなか楽しかったです
途中で記念写真も撮ってくれます。
私
鬼怒川ライン下り
1枚¥1000
がんばってひとりでもピースしてみました。

※各店舗のメニュー・価格については2006年（発行年）時点の情報です。

ありがとうございました〜
はあ〜 いいお店だった…
ほろ酔い
はるばる宇都宮に来てほんとよかった…
じ〜ん
東京にもこのお店ほし〜〜!!
くんくん
ふらふら歩いていたらたまたま二荒山神社《ふたあらやまじんじゃ》という神社を見かけ…
あれ？
二荒山神社
輪投げの神社と同じ名前…
偶然？
そこでギョーザ必勝祈願
このあともおいしいギョーザにめぐりあえますように…!!
ぱんぱん
そのあと ふらっと入った古着屋のお姉さんがよさそうな人だったので…
あの〜 宇都宮で一番おすすめのギョーザのお店ってどこですか？
私宇都宮はじめてなんですけど〜
USED
ちょっと買った
と聞いてみたところ
う〜ん… 有名なのはみんみんだけど…
私はまさしのギョーザが好きかな♡
ま… まさし…？
彼氏？
…ということで お店を教えてもらって行ってみました
餃子専門店 正嗣
これで〝まさし〟って読むのか〜〜
このお店でまずびっくりしたのはギョーザの値段
焼餃子 1人前 170円
水餃子 1人前 170円
冷凍生餃子 1人前 160円
メニューこれだけ
うそ… 安い!!

途中でやってきた学生風男子2人は…
やきよん すいにー
↑焼ギョーザ4 水〃2
というたのみ方をしていた
それが宇都宮男子流ごはん!?
パキッ
でも1人3皿食べても安いよな〜
ここのギョーザも とってもおいしかったのだけど…
おいひ〜♡
好き好き〜
「みんみん」よりも野菜多めでさっぱりな感じ
お会計が安すぎてちょっと恐縮…
はい170円ね〜
ジュ〜
チャリンチャリン
1皿ぽっちでごめんなさい〜
そしてそのあともう一軒気になったギョーザ屋に行ってみたのだけど…
営業中
あ…あれお客がひとりもいない
ガラ
お店の人がひとりでもくもくとギョーザを包んでいる
なんとなく入りづらく…
そのあと しばらく時間をおいてまた行ってみたもののやっぱりお客はひとりもいなくて…
ど…どうしようどうせちょっとしか食べないのにひとりじゃ入りづらいな…
こそ…
でんしんばしら
結局そのお店には入らずじまい
ガタン…
ゴトン…
う〜んやっぱり勇気を出して入ってみればよかったかなあ…
あそこまで行ったのになあ…
すっごくおいしいギョーザだったかも……
なんだかちょっぴり心残りな初めてのひとりたび(2日めのみ)なのでした

日光鬼怒川 まとめ

イカした
グッズたち

みんみん本店。
この近くに正嗣もあり

いっしょにきた
おかあさん、のつもり

2日めのみひとり行動だった日光鬼怒川編はまだひとりで観光することに慣れなくて、「あの人ひとりで観光してる～」とまわりに思われてないか、気になってばかりでした。「そんなこと気にすることないさぁ～」と思いつつも、ついキョロキョロ…。落ち着きなかったです。
後日談ですが、宇都宮のギョーザはその後またふらっと食べに行きました。でも土曜日の夜に行ったせいか「みんみん」も「正嗣」もものすごい大行列で入れず。本編で「お客が誰もいなくて入れなかった」と描いてた店にも行列ができていて、時間がなくて断念。「やっぱりあのときに入ればよかったじゃん」と、ふたたび思ったのでした。

➡DATA
鬼怒川ライン下り●栃木県日光市鬼怒川温泉大原1414　https://linekudari.com/
宇都宮みんみん本店●栃木県宇都宮市馬場通り4-2-3　https://www.minmin.co.jp/
ぎょうざ専門店正嗣宮島店⇒（移転・店舗名変更）ぎょうざ専門店正嗣 宮島町本店●栃木県宇都宮市馬場通り4-3-1　https://gyouzamasashi.com/

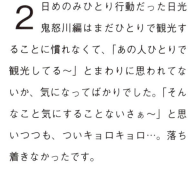

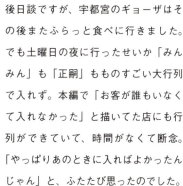

いよいよ今回はさいしょから
ひとりで出発
行き先は女性に大人気の
鎌倉《かまくら》!!
東京からだと電車で約1時間
近いし余裕だと思っていたら…
東京
JR
東京湾
鎌倉
本当にあっという間に着いた
鎌倉〜
鎌倉〜
かまくら
びくっ
寝てた→
まずはガイドブックを見て行きたいと
思った玉子焼きの「おざわ」という
お店へ
営業中
おざわ
この上に入り口がある
店内が見えないお店に入るとき妙に緊張しちゃう体質
ドキドキ
ここは行列もできるくらい人気のお店
らしくて ふわふわの玉子焼きは
たしかにとろけるうまさ
玉子焼き御膳 ¥1200
おいし〜い!!
おざわ
ほわ〜ん
だけどこういう観光名所っぽい
お店でひとりで食べるということに
なんだかちょっと落ち着かない私…
カップル
ふわふわだ〜
おいしいね〜
女性グループ
このあとどこ行く〜?
江ノ電も乗りたいよね〜
かまくら
ひとりで来ている人いないなあ…
あの人ひとりで食べてさみし〜とか思われてないだろうか…
ぽつん…

でも　もしかしたら…
あの人ひとりたびなのかな～？
ひとりで玉子焼き食べに来るなんて大人って感じ～
もぐもぐ
とか思われているかも…？
などとつまんないことをいろいろ考えてしまいなかなか玉子焼きに集中できない私
念のためにシャキッとしておこう…
ピーン
さっ
ちょっと足も組んでみようかな
やっぱりまず大仏さん見に行こうか～？
わ～そうしよう～
かまくら
（誰もなにも気にしてません…）
そのあとは小町通りをぶらぶらしつつ鶴岡八幡宮へ
アンティーク着物ショップ
素敵～
エスニックっぽい服を購入
うま～♥
ソフトクリーム
鶴岡八幡宮
わ～亀がいっぱい!!
うじゃうじゃ
鎌倉彫り
しかし今回持ってきた地図でかすぎて見づらいな～
びろろ～ん
ガイドブックにはさみ込みでついているやつ
MAP
かまくら
だけど約3時間後…
はぁ～つかれたぁ～
ぐったり
荷物をあずけなかったのが敗因….
ということで午後3時早々とホテルにチェックイン
HOTEL
ひとり客でも歓迎の格安素泊まりホテル
梅の間
こちらの部屋になります
ガチャッ
!!

部屋に入ってみたら
かなり狭くてびっくり…
(3畳くらい?)
ベッド
テレビ
机
冷蔵庫
せま〜
なんかここで
ひとりで寝る
のってすごく
わびしい
かも…
ギシ…
眠れんのかな…
なんて思いつつも
疲れていたので
すぐに爆睡…
ぐぉ〜
約2時間後…
がばっ
はっ…
寝ちゃった…!!
しまった…
もう
夕暮れ…
突然「海に沈む夕陽を見たい」
と思った私は 江ノ電に飛び乗り
ました
夕陽の海…
なんか女の
ひとりたびって
感じ…!!
ガタンゴトン…
そして長谷《はせ》駅で降りて
由比《ゆい》ガ浜《はま》に猛ダッシュ
急げ!!
太陽が
沈んじゃ
う〜
すたこら
だけど方向的に ここの海岸で
夕陽の海は無理だったみたい…
もっと あっちの方で
沈んでいる
あ…
あれ?
ざ
ざ〜
ざ〜
ざ〜
はぁ〜

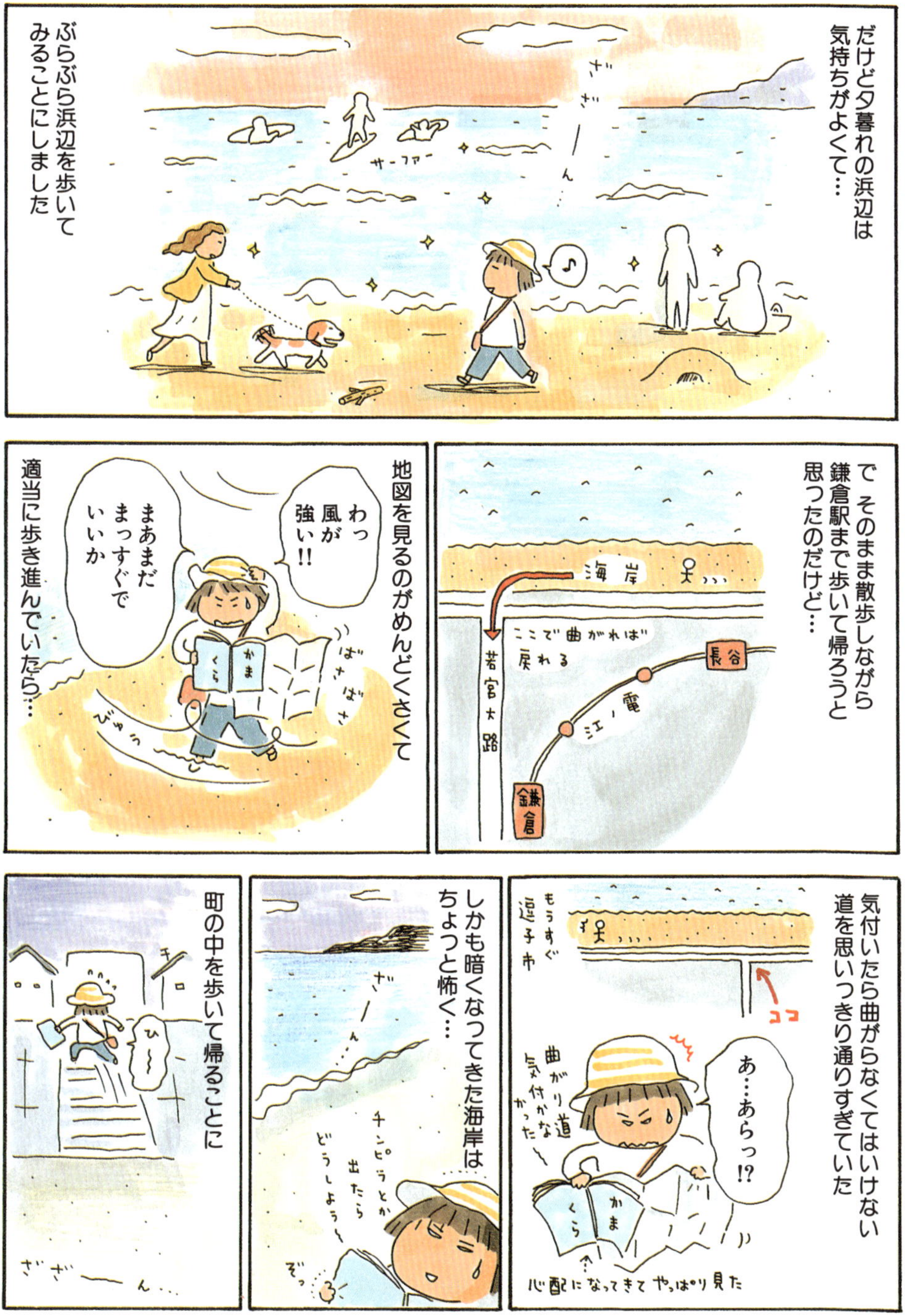

だけど夕暮れの浜辺は気持ちがよくて…
ざざーーん…
サーファー
ぶらぶら浜辺を歩いてみることにしました
で そのまま散歩しながら鎌倉駅まで歩いて帰ろうと思ったのだけど…
海岸
ここで曲がれば戻れる
若宮大路
長谷
江ノ電
鎌倉
地図を見るのがめんどくさくて
わっ風が強い!!
まあまだまっすぐでいいか
ばさばさ
びゅう
かまくら
適当に歩き進んでいたら…
気付いたら曲がらなくてはいけない道を思いっきり通りすぎていた
もうすぐ逗子市
ココ
あ…あらっ!?
曲がり道気付かなかった〜
かまくら
心配になってきてやっぱり見た
しかも暗くなってきた海岸はちょっと怖く…
ざーーん…
チンピラとか出たらどうしよう〜
ぞっ
町の中を歩いて帰ることに
ひ〜
ざざーーん…

この辺は駅もないのか…
歩いて帰るしかないかな…
とぼとぼ
だけどこの辺り けっこう道が複雑で…
あれ? これどっちに行くんだ?
数分後 あっけなく道に迷う
あれれ…
どっちがどっち…?
ど…どうしよう… もう暗くて地図も見えなくなってきた…
まさか近くて安心だなんて 思っていた鎌倉で…
遭難!?
あわわ…
お母さあ〜ん
と そのとき…
バス
鎌倉駅行き
のりば
あっ!!
そしてバスに乗って なんとか鎌倉駅に帰り着く
とっぷり
鎌倉駅
わ〜ん 助かったよー
ありがとうバス〜
ブ〜ン
バス
そんないっぱいかいた汗を流しに銭湯に行くことにしました
鎌倉一古いという
瀧乃湯

昔ながらの銭湯という感じのここは
お客さんの年齢層もかなり高めのよう
わはは
ざぱーん
は〜
最高ー♡
ふ〜
さっぱりした〜♡
身も心もほっこりになって帰ろうとしたところ…
突然の雨…
ざー
ガラッ
わっ
あら
傘持って
こなかったの？
番台
ざー
あ…
はい…
どこまで
帰りなさるの？
○×
ホテル
です
あ〜
ちょっと
歩くねえ…
傘貸してあげて
もいいよ〜
えっ
でも…
そんなやさしさに感動しつつ
たいした雨ではなかったので
タオルをほっかむって走って帰りました
じーん
たったった

こうしてホテルの部屋に帰り着いたら…
ふ〜
さっき見たときは狭くてわびしいと思った部屋が
……
パチン
なんだかちょっと愛しい部屋のように思えた
ジャ〜…
←隣の男子シャワー室の音
しとしと…
ごろごろ
わはは…
テレビ
冷蔵庫
ウィ〜ン
そうか…
この部屋
上京してさいしょに住んだアパートに感じが似ているんだ…
あの狭かったワンルーム…なつかしいな…
そして夜もぐっすり
す〜 ぴ〜 す〜
鎌倉はどこかなつかしくほんわりやさしい気持ちになれるようなそんな町でした

鎌倉まとめ

はじめてのオールひとりたびだった鎌倉編、実は前日夜は下調べしたり、ドキドキして眠れなかったりで、超寝不足状態で行ってしまいました（だから眠そうなのです）。
しかもやみくもに歩き回って疲れたせいで２日めは体調が悪くなってしまい、すぐに東京に逃げ帰りました。本当は江の島に行って名物の「しらす丼」を食べる予定だったのに…。ううっ。
ひとりだからこそ、体調には十分気をつけて無理なく行動しなきゃいけないなぁ～と反省したのでした。
あと、せっかくの初ひとり宿泊だったので、もう少しいいホテルに泊まってもよかったかなぁ～とも思いました。

いい雰囲気の
お風呂屋さん
…でした

バス様…
鎌倉駅の文字に
涙しました

➡DATA
玉子焼おざわ●神奈川県鎌倉市小町2-9-6　AKビル2F
瀧乃湯●2006年3月31日に閉店

たびメモ

日光
友人2人と別れて
ひとりライン下りに
向かう私のうしろ姿は
さびしげだったらしい。
友人2人
頭上？
眠り猫
頭上
ア
ココ
photo
ひとりライン下りして
記念写真まで
買う女。
1枚ください
千円です
やっぱ
ライン下りはあまり
ひとり向きじゃない
かも。
楽しかった
けどさ～
水ギョーザが
なぞの食べ方
汁に直接
タレ(?)を入れる
!!
私は焼きギョーザしか
食べなかった
けど
おみやげに
冷凍ギョーザ
買ってかえった
うまいっ
ねーちゃん
みんみん
さみしく
なんか
ないぞ～

たまご何個分だ？
鎌倉
たまごは1日1個よ
うちのお母さん
うろちょろ
お店入るのまでに4〜5回通りすぎた
ざーん
海辺で犬さんぽしてみたい
窓のとこにかかってる鏡にあいしゅうが…
欠けてるし
おばあちゃんたちがかわいい…
まだあんまりひとりたびしてる気分でもないなー
カマクラ

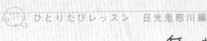

あらかじめ下調べしてきたお目当ての店に到着した私
あっ ここだ〜
名物料理
と思いつつも一度通りすぎてみる
さらにもう一度
チラッ
チラッ
名物料理
通りすぎ…
……
ジ〜
ありがとうございました
ゲフッ
名物料理
しばらく様子をうかがって…
ようやく中に入ります
よしっ!!
ガラッ
名物料理
なにが「よしっ」だか

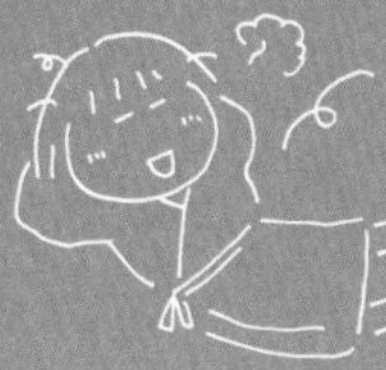

宿坊で朝のおつとめ体験

長野善光寺編

今回のひとりたびは
長野県の善光寺《ぜんこうじ》で
宿坊《しゅくぼう》に泊まってみよ～♥
の巻
しかし普段 いざというときだけ
神社に行って神だのみ
するような なんちゃって仏教徒の
私……
あわわ… 仏様 どうかお助けを～
なんまいだー なんまいだー
チャリン
（初詣なんかには行きますが…）
宿坊ってちょっと憧れつつも
私なんかが泊まって
いいのかなあーという
不安もあり…
宿坊のイメージ
座禅
ひぃ～
精進料理
じ～
しっぽり
滝行
ブルル…
どどど…
修行
作務
んしょ んしょ
せっせっ
読経
なんまいだー なんまいだー
大丈夫かなあ…
善光寺がある長野駅までは
東京から長野新幹線で
2時間弱
新潟
長野
群馬
軽井沢
長野
埼玉
東京
山梨
神奈川
東京
長野
ながの
Nagano
は～ 着いた着いた
ガヤ
ガヤ
ガヤ
おっ♥

長野駅に着くとおいしそうなものが次々と目に飛び込んでくる
信州そば
信州きのこ入り
信州名物おやき
いかがですか、
釜めし
信州名物
おべんとう
そばまんじゅう
元祖
信州産りんご
ぶどう
くり
"信州産"ってなんだかいい響き〜
きゅう〜〜ん
じゅる…
野沢菜
名物
高原のアイスクリーム
○○村特産
そこでさっそくおやきを購入
おやき
いらっしゃいませ、
おみやげに!!
野沢菜おやきください
すぐ食べまーす
はいどうぞー
どうもー
う〜〜ん
おいひ〜〜
ぱくぱく
東京のコンビニでも売ってほしい〜!!
すっかり観光気分の私はおやきを食べつつ善光寺まで歩いていこうと思ったのだけど長野駅前はけっこう都会で食べ歩きはちょっと恥ずかしい…
でもビルの谷間から山々が見えるのがさすが長野、という感じ…
HOTEL
デパート
SALE
パアー
ブブー
かあ〜
もぐもぐ
善光寺までは徒歩30分くらい

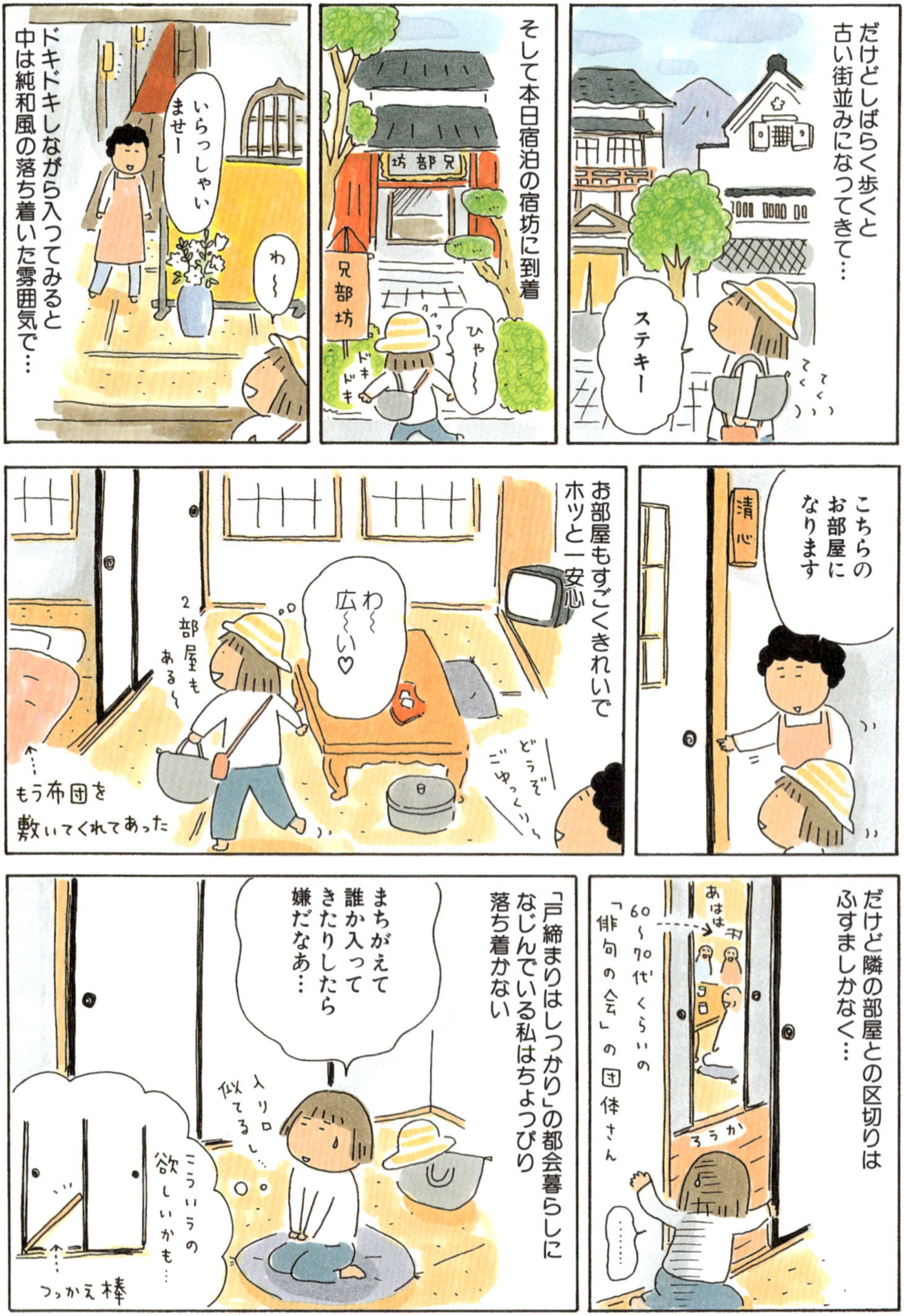
だけどしばらく歩くと古い街並みになってきて…
ステキー
てくてく
そして本日宿泊の宿坊に到着
兄部坊
兄部坊
ひゃ〜〜
ドキドキ
ドキドキしながら入ってみると中は純和風の落ち着いた雰囲気で…
いらっしゃいませー
わ〜
こちらのお部屋になります
清心
お部屋もすごくきれいでホッと一安心
わ〜広〜い♡
2部屋もある〜
どうぞごゆっくり〜
もう布団を敷いてくれてあった
だけど隣の部屋との区切りはふすましかなく…
60〜70代くらいの「俳句の会」の団体さん
あはは
ろうか
……
「戸締まりはしっかり」の都会暮らしになじんでいる私はちょっぴり落ち着かない
まちがえて誰か入ってきたりしたら嫌だなあ…
入り口似てるし…
こういうの欲しいかも…
つっかえ棒

お食事どうぞー
そうこうしているうちに夕食タイム
あ…はいっ
ごはんはもちろん
精進料理
ごま豆腐
レンコンのしゅうまいみたいなの
めずらしい苔の和え物
薬味
うなぎの蒲焼きみたいだけど湯葉とかで作られている
おおーっ
きれ〜♡
じゃがいものなますみたいなの
煮物いろいろ
あんず酒
精進料理は思ったよりも豪華でびっくり…
見ためもきれいだし…
もぐもぐもぐもぐ
おいし〜
天ぷらです
まだまだ出てくる
焼きなす
ふうーおなかいっぱい…
さっきおやきがまんすりゃよかった…
くるしい…
お茶づけ
そば
デザートのいちじく
そしてそのあと ひとつ風呂浴びて…
わ〜
お風呂もきれー♡
ざっぱ〜〜ん
は〜まったり♡
宿坊ってけっこう居心地いいなあ〜♪
ごろりん

明日の朝は午前6時から善光寺で行われる「お朝事《あさじ》」とよばれるおつとめに参加するため早めに就寝することに
PM 10:00
え〜っと 5時に起きれば大丈夫かな…
ピッ ピッ ピッ
ちゃんと起きられるかな…
携帯に目覚ましをセット
普段 朝寝坊な生活なので寝過ごさないか とっても不安…
しかし布団に入ったもののなかなか寝つけない
ははは…
やっぱりふすまだけだと音がもれるなあ…
月影や障子の灯りともりけり〜
ははは…
バタン
なにやら俳句を詠んでいる
あ〜 早く寝なきゃ早く寝なきゃ早く…
秋風に
ははは…
ぐ〜
そして朝…
ガヤ ガヤ
ぱち…
心配しなくても朝になればまわりが騒がしくなって自然に目は覚めました
ガヤ ガヤ
バタ バタ…
あっ おはようございまーす
眠れましたー?
で…でも まだ4時すぎ…
みなさん早起きだなあ…

「お朝事」へは宿坊の方が案内してくれます
え〜こちらの建物は〜
道中いろいろ解説もしてくれる
兄部坊
他の宿坊のグループ
この像は〜
「俳句の会」の方々
おひとりで来られたの〜?
ええまあ…
なんか早起きするのってすがすがしいなあー
朝焼け
さぁ
そして門のところまで来たところで
ではみなさん一列に並んでください
と言われ…
兄部坊
?
しばらくするとむこうの方から赤い傘とともに住職さんがやってきて…
ズラ
ひざまずいた参拝者達の頭を数珠で撫でていく「お数珠《じゅず》頂戴《ちょうだい》」という儀式がはじまりました
なんまいだ、なんまいだ、
功徳を授かるといわれている
ポン
よいしょ

わわわ…
もうすぐだ…
なんまんだー
なんまんだー
ドキドキ
なんまんだー
なんまんだー
ポンッ
ひええ…
なぜか怖くて
目があけられない
びくっ
この「お数珠頂戴」は
なんだかとっても不思議な
光景で…
なんか
さわった…
ドキドキ
……
ちょっぴり
江戸時代にでもタイムスリップ
したかのような気分
そしてそのあとは本堂に入って
読経
なんまいだ～
なんまいだ～
なんまいだ～
なんまいだ～
ちょっと寒い
足しびれた
これもまた荘厳な
雰囲気で私には
異世界のよう…

こうして読経も終わり…
なんまいだ〜　なんまいだ〜
私
そのあと　本堂内にある「お戒壇《かいだん》めぐり」というのに案内されました
お戒壇めぐり 入口
宿坊の人
では今からこちらに入ります
お戒壇めぐりとは床下の回廊を巡ってご本尊の下にかかる「極楽《ごくらく》の錠前《じょうまえ》」に触れにいくというもので…
そうするとご本尊と縁ができて極楽往生が約束される、とか
ぞろ
ぞろ
ぞろ
お戒壇めぐり 入口
じゃあみなさん前の方につかまってくださいねー
行きますよ〜
ドキードキー
中に入ると真っ暗けでけっこう怖い
わ〜もっとゆっくり〜
あれ？前の人どこだ？
ここっここっ
右に曲がりますよ〜
右で〜す
あっごめん足ふんだ…！
うしろ来てますか〜？
なので連繋プレーで助け合う

そしてかなり奥まで進んだところで
はいここに錠前がありますよー
と言われ…
ガチャガチャ
（※本当は真っ暗です）
無事に錠前に触れることができました
あ…あつたつ
ガチャガチャ
暗くて見えなかったので想像図
お戒壇めぐりはひとりでも入ることができますが私は怖くてとても無理だと思いました
しかしこんな神聖なところで悪いことをする人もいるのかあ…
お戒壇内ではスリに注意!!
ある意味すごい度胸…
バチが当たるよね…
お朝事が終わったあとは宿坊に戻って朝ごはん
兄部坊
おなかすいた〜
夕食にひきつづき朝食も
精進料理
ジャーーーン
うひょー

早起きしたからかなあー？
すごくおいしー〜い♡
おかわりっ
なんか健康的だなあー
ゲプ…
この頃になると宿坊の雰囲気にもだいぶ慣れ他の部屋との区切りがふすまだけってのもあまり気にならなくなってました
ふすま開けっ放しで歯みがきへ
開けっ放しで着替えるおじさま
こうして宿坊をあとにして…
坊部兄
お気をつけて〜
お世話になりました〜
またひとりで善光寺に行ってみました
ポー

そして 仏教経典のすべてを網羅した
一切経《いっさいきょう》が納められているという
経蔵《きょうぞう》というところに行ってみました
この中にある輪蔵《りんぞう》という八角の
書庫はコマのように回すことができて
これを回すと一切経をすべて読んだのと
同じ功徳があるのだとか
くる
くる
さっそく私も挑戦!!
うお〜
…と思ったのだけど
これが重くてビクとも
動かない
ガヤ
ガヤ
ざ〜
ざ〜
ん?
そこでタイミングよくやってきた
3人組に
ぐる
ぐる
ぐる
ぐる
えへへ…
わはは
わー
あはは
こそっと便乗…

はあ～どうにか回せてよかった…
やれやれ
てててて…
あっ
やっぱり私と同じことに…
し～ん…
んしょ
んしょ
あ…あれ？
それ私もさっきやったんですけどひとりだと回らないですよー
あの～
先輩づら
はあはあ
そんなわけでお手伝い
ギギ…
うお～
んしょんしょ
2人でやればなんとか回りました
そしてそのあと史料館にも行ってみました
ここには善光寺の門のとこに立つ仁王像の原型とかいろいろなものが展示されています
ビデオライブラリー
善光寺
南無阿弥陀佛
ほー
ミニチュア…

ここで私がはまったのが
百羅漢像《ひゃくらかんぞう》という
素朴で個性的な像の数々…
江戸時代末期に一般の
信者から寄進された像
なのらしいけど
あまりの愛らしさに
ズララ
ぎゃはは
ツボにはまった
これを作った人は絶対
いい人だろうな〜などと
思ったりしました
(このあたり他の見学客は誰もいなかった)
ちなみに史料館を出たところにも
へんてこなオブジェが…
な…
なんだこれ…
善子さん
光子さん
?
はあー
おもしろかったなー
もぐ
もぐ
もぐ
おやき
甘酒
こうして善光寺観光は
終了…

あとはお土産を買って帰ることにしました
買ったもの
ちがう店の
おやき
自分土産
善光寺名物 八幡屋礒五郎の七味唐辛子
あっそうだ お友達に果物も買ってってあげよー♡
おいしそうだもん!!
信州産りんご
栗
信州産巨峰
しかし調子にのって買ってたら荷物がえらく重いことに…
お…重い…
ずし…
野沢菜はあきらめるか…
おやき6個
りんご9個
七味
ぶどう2房
はっ…そうだ姉ちゃんに釜めしもたのまれてたんだった!!
おぎのやの釜めし買ってきて～♡
姉
おぎのや
峠の釜めし
元祖
名物
そしたらば この釜めしがとどめのごとく重く…
ありがとうございましたー
ずしっ
!!
釜めし 2個入り
ちゃっかり自分のぶんも買った
最後はヨレヨレになって帰りましたとさ
ひ〜〜重い〜〜!!
ぶどう
かまめし
よろよろ
しかも雨も降ってきた

たびメモ

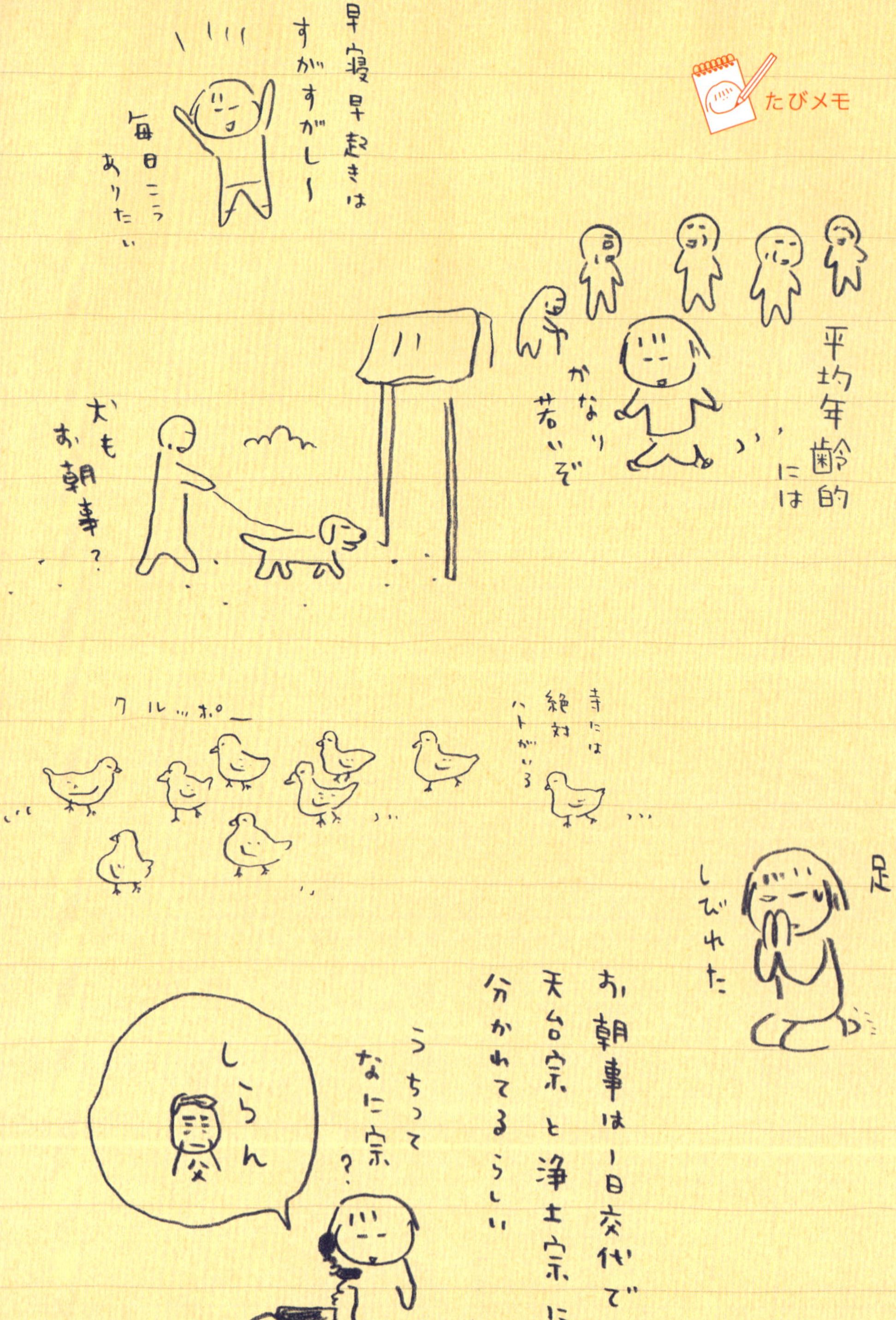

早寝早起きは
すがすがし〜
毎日こう
ありたい
平均年齢的には
かなり若いぞ
犬もお朝事？
クルッポー
寺には絶対ハトがいる
足しびれた
お朝事は1日交代で
天台宗と浄土宗に
分かれてるらしい
うちってなに宗？
しらん
父

おやき
野沢菜
あん
かぼちゃ
切干大根
なす
きのこ
全種類、食べてー♡
○○不動産
2LDK ペット可
¥52000
2DK 〈新築〉
¥40000
つい見ちゃう
安くていいなー
もちっとタイプおやき
パリッとタイプおやき
しーん
精進料理は和室でひとりで
こんな衣しょうの人もちらほら
南無阿弥陀仏
……
写経もしてみたい
陶器の入れ物（これが重いし）
かまめし
りんごはおもい

長野善光寺まとめ

犬も早起き

なんまんだー
なんまんだー

なんとなく憧れをもちつつも厳しそうなイメージがあって、少し緊張して行った宿坊。でも想像以上に居心地がよくてホッとしました。
お朝事は自分ひとりで行っても参加できるのですが、案内してもらうとやっぱり安心だし、いろいろ説明も聞けてよかったです。お朝事参加者は全体的に年齢層高めでしたが、若い人や子ども連れもけっこういました。
このとき持って帰ったお土産があまりにも重かったため、「重いお土産は現地から送ったほうがいい」ということを学習し、それからは友達の住所のメモも持って行くようになりました。

重かった…
おいしかった…

➡DATA
善光寺宿坊 兄部坊（このこんぼう）●長野県長野市元善町463 https://konokonbou.com/

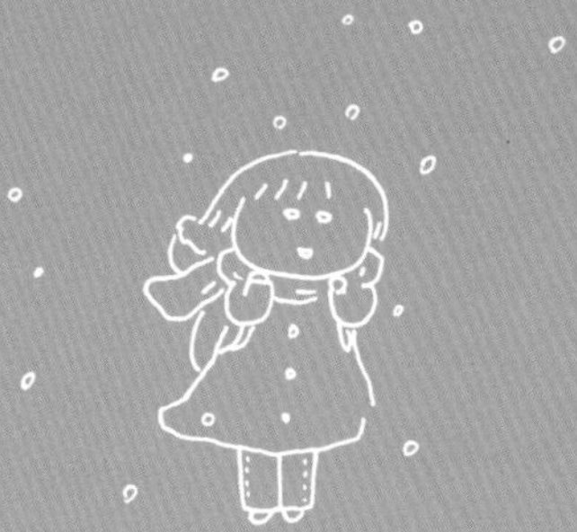

雪降る
湯治場自炊部

花巻温泉編

今回のひとりたび先は…
岩手県の
花巻温泉《はなまきおんせん》!!
花巻
東京
実は私は東北は最北で仙台までしか行ったことがなく 岩手県は未知の世界…
もしかしたらめちゃくちゃ寒いのかも~
もこ
もこ
東京ではかなり着ぶくれな人
とりあえずできる限りの防寒具を着込んで出発!!
そして寒さ以外にももうひとつ気がかりなことは 今日は住んでいるマンションの家賃の振り込み期限の日…
ラーメン
みずほ銀行
まだ開いてないなあ…
ここのところ忙しくて入れそびれてたうえ今日も朝早くて振り込めなかった
花巻にみずほ銀行あるかなあ…
雪降ってるかなあ…
ゴォー
こうしていろいろ不安を抱きながら花巻へ…
だけど花巻が近づいてきても窓の外はとってもいいお天気
こりゃ雪は大丈夫かな…
そろそろ荷物をまとめるか~
茶
ガイドブック
ガサゴソ
ところがちょっと車窓から目を離した次の瞬間…
えっ!!
雪!?
まもなく新花巻~
ぎゃ~っ
パニック!!
慌ててレッグウォーマーも装着

こうして花巻に到着…
新花巻駅
おみやげ
ひゅうううう…
……
さ…
寒い…
ずる…
まずは花巻出身の童話作家
宮沢《みやざわ》賢治《けんじ》記念館《きねんかん》に行くことに
あのバスだ～
だだっ
バスは5分くらいで
記念館前に着いたものの
そこから10分ほど坂道を
上っていかなければならない
ひょえ～
とりあえずあの
カップルについて
いこう…
一緒にバスを降りたカップル
宮沢賢治記念館
バス
そしてなんとか記念館に到着
お…
大人
いちまい…
記念館には宮沢賢治に関するものが
いろいろと展示されてました
原稿用紙
クラムボンはかぷかぷ笑ったよ
やまなし
童話のスライドアニメ
愛用していたチェロ
写真
賢治が集めた鉱石

だけどどうも気になっちゃうのは
窓の外の天候…
びゅううう
がったん
がったん
なんか吹雪みたいになってきたぞ…
ドキドキ
雪に慣れてない私はだんだん
怖くなってきて 今日はもう早めに
宿に向かうことにしました
びゅうううう…
へへへ…
バスの時間まではとりあえず
館内のラウンジでミルクティー
など飲んで余裕なふり
そしていざバス停へ
びゅううう
ひええぇ〜
帰りは下り坂
びゅううう〜
バス
ガチ
ガチ
おててがちんちんするよ〜
わ〜ん
バス早くぅ〜〜
雪のせいか遅れている
ブーン
ガチ
ガチ
た…
助かった…
こうして花巻駅に到着
花巻駅
※新花巻駅とは
またちがう
今日の宿は「自炊のできる湯治場《とうじば》」
なので私は駅付近で食材を
買っていこうと思っていました
ろうきん
キョロ
キョロ
あ…
あれ?
食料品店は
どこかな?

観光案内所
童話村
あのーこのあたりで食料品が買えるお店はありますか？
イーハトーブへようこそ
うーん…10分くらい歩くとスーパーがあるんだけど…
このあたりにはコンビニしかないんですよね〜
この雪の中10分も歩く勇気はなく食材はあきらめることに
ついでに銀行も見当たらないな…
家賃の振り込みもあきらめるか…
まあ食材は宿の売店でも買えるって言ってたし…
無料シャトルバス
花巻南温泉峡バス
お待たせしました
とぼとぼ
宿へはバスで約30分
ブーン
ますます雪がひどくなってきたなあ〜
ふと気付けば…
バスの中の人達がみんななまっている
んだ〜
あんだば〜
そうだべ〜
きのーむすめんとこさいったんだ〜
あー元気にさしどっただか？
はっ
なぜかちょっとあせる
あわわ東北弁しゃべれないよ〜
三重弁やったらしゃべれるんやけどなあ〜

※花巻南温泉峡 大沢温泉の各種料金の更新や現在使用できる風呂などは公式HPよりご確認ください。
https://www.oosawaonsen.com/

そして売店に今晩の食材を買いに行きました
う〜ん…これで何が作れるかなあ…
いろいろ揃ってるけど肉や魚は前日に申し込んでおかないと買えない。
炊き出しコーナーがあってごはんとみそ汁はそこで買える。
ヨーグルト
納豆
ベーコン
MILK
カレー
ラーメン
みかん
パン
ごはん
84円
みそ汁
105円
結局ヘルシーに湯豆腐を作ることにしました
買ったもの
豆腐
あげ
長ねぎ
小麦のビール
味ぽん
えのき
みかん
調理は共同の炊事場でできます
鍋や食器は自由に使ってもいい
調理実習室みたい〜い
わ〜こんなガスはじめて見た〜
10円入れると7分間使えるコイン式のガス
そしてパパパ〜ッと湯豆腐を作る
いそげ〜っ
寒いし7分だから
ぱっぱっ
ぐつぐつ

宿の中を歩いていると他の宿泊客とすれ違ってなんだか共同生活をしているような雰囲気
あ…どうもこんばんはー
自炊しなくてもこういうところもある
お食事処 やはぎ
はいこんばんはー
いらっしゃいませ〜
ごはん3っね〜
炊き出しコーナー
は〜い
風呂上がり
年齢層は高め。ずっと連泊していて住んでるような人もいる。
こうして今晩のごはんが完成!!
ビール
グラスが見つからなくてゆのみ
湯豆腐定食
えへへ…なんか楽しいなあ〜
おうちみたーい
味ぽん
ビール
窓の外の雪景色も最高〜♡
雪にか〜んぱ〜い
しんしん
おなかもふくれてポカポカでほろ酔いで…
とろ〜ん
そのままこたつで2時間ほどうたた寝してしまいました

雪が降り続く湯治宿の夜は
とっても静かで…
しん
しん
温泉
大沢
そんななか お楽しみの温泉に入りに行くことにしました
おんせん
おんせ〜ん♪
今回 宿泊した自炊部《じすいぶ》では4つのお風呂が利用可能
豊沢の湯
岩風呂
南部の湯
木造風呂
薬師の湯
タイル張りのレトロな風呂
大沢の湯
露天風呂(混浴)
一番の名物は川沿いにある露天風呂なのだけど 混浴なうえ 通路からも丸見えで 私には入る勇気はなく…
大沢の湯
おじさま達が入っている
ひょえー
ドキドキ
まずは木造のお風呂に入りにいきました
南部の湯
ぴゅうううう…
うう… さむい…
すると先客がひとり…
ドキッ
た… 倒れているわけじゃなく 寝ているだけだよなあー?
男じゃないよね…?
起こさなくていいのかなあー⁇
ドキ
ドキ
ドキ
ドキ

チラッ
バシャ
バシャ
バシャ
チラッ
カコンッ
ジャ〜
わざと音をたててみたり…
えいっ
どっぼ〜ん
むく…
う〜ん…
起きたっ!!
ホッ…
はぁ〜〜いま何時頃だべ?
どぼん
8時すぎですよー
あらやんだいっぺー寝ですまった
どっから来たのすか?
あ 東京からです
おばさんは岩手県内の人らしい
んだばこの雪見でどんでしたんでねえの?
はいーびっくりしましたー
ここの湯っこえかべ〜?露天風呂さはもう入ったのか?
や〜あそこはちょっと私には入る勇気がなくて…
えへへ…
ペラペラ
ここさ来てあそごに入らねのすか?
なんでー?
もってねなは〜
きょとーーん
私もあれくらいの歳になれば恥ずかしくなくなるのかなぁー??
でもいまはまだ女心があ〜〜

あ〜いい湯だった〜
雪がつめたくて
気持ちいい〜♡
えいっ
食べちゃえっ
そうだ…雪に
顔をうずめて
みようかな…
ズボッ
つめたーい
うひひ…
なんていらないことをしようとして
雪の中にずっこける
ぎゃ〜〜っ!!
ズベッ
そしてそのあとも何度か温泉に
入りに行って…
ほげ〜〜〜
豊沢の湯
体の芯までホッカホカになって
この日は就寝…
ぐお〜
次の朝――
チュン
チュン
炊事場
よ〜し!!
今日の朝ごはんも
自炊するぞ〜っ
お〜〜っ♡
…といっても昨日の湯豆腐の
残り物をあたためるだけ
100円
両替
食べきれなかった
10円
また
湯豆腐
かぁ〜
オホホ…
とそこにおばあさんが2人
やってきた

あんやはー
このガス
火っこつがね
あらやんた!!
おがね入れだのに
時間たってしまうなはー
ガチャ
ガチャ
10円入れると7分使えるコイン式ガス
10円
な…なんか
助けを求め
られてるような…
じ
ギクッ
ぐっ
ぐっ
あ…多分この
チャッカマンを
使えばいいんじゃ
ないですかね?
んしょ
んしょ
カチッ
カチッ
ひぃぃぃーー!!
ボッ
あ~
ついだついだ♡
どうも
おしょうしなー
いえ…
フ~かガス…
もれてましたよ…
わ~
明太子
焼いてる~
うへへ…
じゅ~
じゅ~
くんくん
いいにおい~

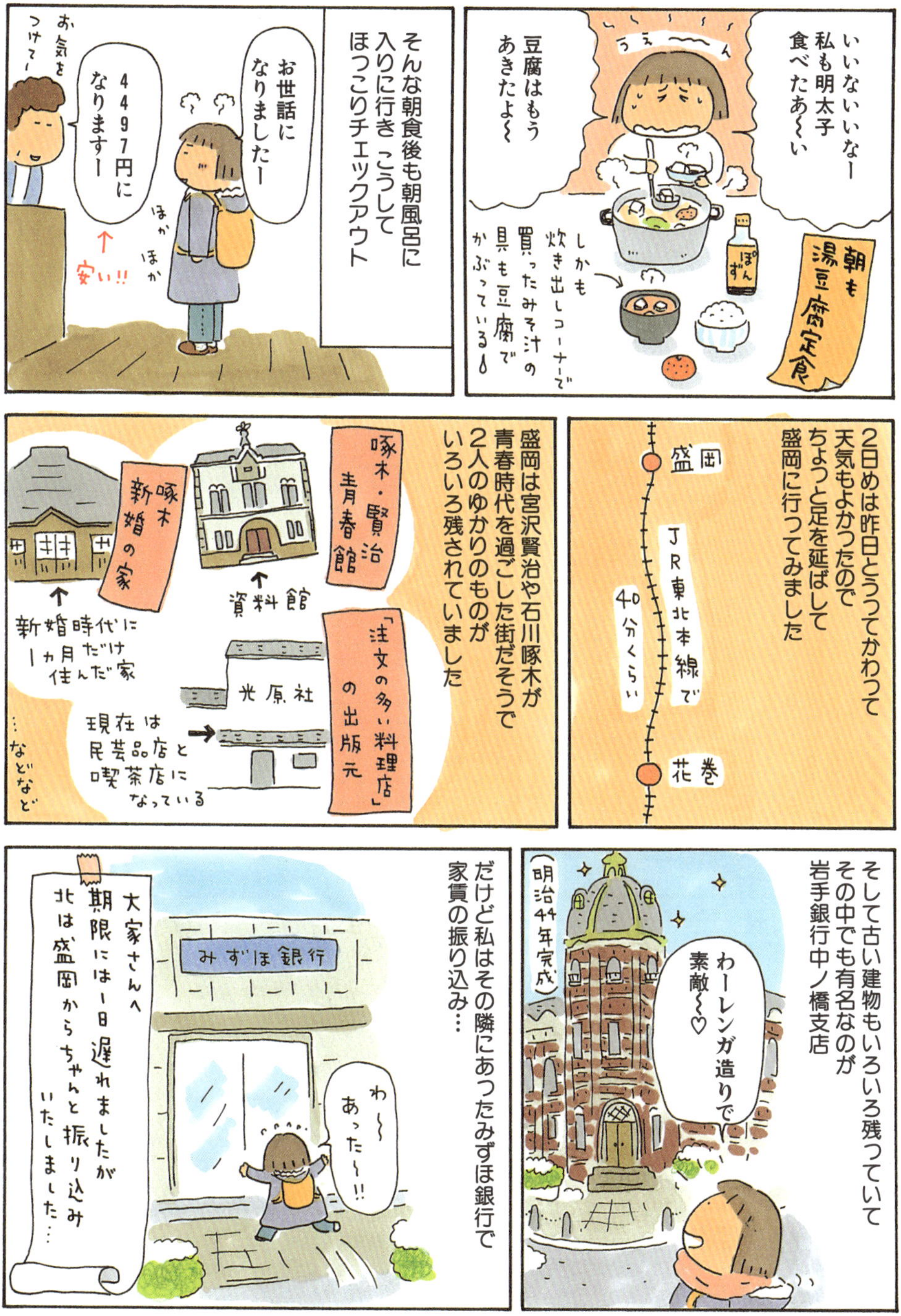

※岩手銀行中ノ橋支店は、2016年より「岩手銀行赤レンガ館」として一般公開されています。
https://www.iwagin-akarengakan.jp/

そして私の一番の目的は
盛岡名物の「じゃじゃ麺」を食べること
ガイドブックに「元祖」と載っていたお店
味の店 白龍
じゃじゃ麺
白《ぱい》 龍《ろん》
ドキ ドキ
じゃじゃ〜〜ん
肉みそ
たっぷり きゅうり & ねぎ
きしめんっぽい ゆであげ麺
しょうが
じゃじゃ麺(中) ¥450
※中華のジャージャー麺とは別もの
食べ方がよくわからないので 他の人のを盗み見…
キョロ キョロ
タラー
ぐちゃ ぐちゃ
お好みで 酢やラー油 にんにくを入れるらしい
よくまぜるらしい
ひゃ〜 おいし〜い♡
ずず る
さらに食べ終わったあと たまごを割り入れて
チータン お願いします
必ず はしをそえる
と言って店員さんに渡すと…
たまごスープにもしてくれる
「ちーたんたん」という
プラス ¥50
これがまたおいしくてあったかくて お店を出る頃には体が ポッカポカ……♡
味の店 白《ぱい》 龍《ろん》
ありがとうございました、
ふ〜 あっい…
あ〜 おいしかった〜

そしてそのあと石川啄木が気に入っていた へんてこな狛犬《こまいぬ》があるという神社に行ってみることにしました
けっこう遠くて少し迷った
あった…ここだ……
ふぅ～
啄木望郷の碑
天満宮
ちょっとした山の上にある
こうしてはるばる見に行った狛犬は…
はぁ～
ぜぇ～
ぜぇ～
ほんとうにへんてこで
腰がひけている
わははは
かわいい♡
愛らしくて…
そこからは盛岡の街が一望できて…
啄木もこうやって眺めたのかなあ～
（２匹いる）
今回の旅のいい締めくくりとなりました

どんどんどんどん
つもるよ
チェックインするとき
お米はお持ちですか？
お米!?
お米を持ってくると
それでごはんを炊いて
もらえるらしい
3泊くらいしたい
ほげ~
レンタル代
パジャマ持ってこればよかったな~
263円
210円
コタツ1日315円
ぬくぬく
ふとん持ち込み可
ふとん
どっこらしょ
こんなかんじ？
雪見風呂
いいなー
でも混浴

寒さに弱いけど
ガチ
ガチ
雪は好き
コタツを考えた人ってすばらしい
岩手のバスにて
啄木新婚の家
次は〜
啄木新婚の家〜
なんかてれる…
岩手の駅まわりを走るバスは乗車賃100円
でんでんむし
↑という名前
岩手の街はなにか文学のかおりがするような気がする
じゃじゃ麺にまた会いたい

花巻温泉まとめ

ほぼ自分のうち

はじめて行った湯治宿。独自のシステムがいろいろあって、ちょっととまどったりもしたのですが、私にとってはめずらしいことだらけで、すっごくおもしろかったです。
旅館に泊まっているというより、下宿しているような、学校にでもいるような気分（炊事場は「調理実習室」っぽい）。見慣れない雪景色にも、ドキドキわくわく。
観光地に行くとやみくもに歩き回ってしまうクセのある私には雪で思うように動けなかったり、宿に着くと温泉しかなかったりの環境は、程よくまったりできてよかったのかも…？と思いました。また行きたいところです。

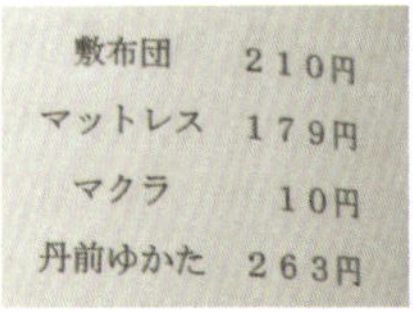

敷布団	210円
マットレス	179円
マクラ	10円
丹前ゆかた	263円

昔の値段？と
思ってしまいます

あったかくて便利

➡DATA
宮沢賢治記念館●岩手県花巻市矢沢1-1-36　https://www.city.hanamaki.iwate.jp/miyazawakenji/kinenkan/index.html
花巻南温泉峡　大沢温泉●岩手県花巻市湯口字大沢181　https://www.oosawaonsen.com/
白龍●岩手県盛岡市内丸5-15　https://www.pairon.iwate.jp/

日本最長！
深夜バスでGO

博多編

※各種料金、乗車時間、サービスについては2006年(発行年)時点の情報です。
最新の情報については公式HPよりご確認ください。
(https://www.nishitetsu.jp/bus/highwaybus/rosen2/hakata/)

23時の消灯時間までは車内でビデオ上映もやってくれます
↑ジャッキーチェンの
あ…なんかもう眠たくなってきた…
ふぁぁ～
いい感じいい感じいい感じ…
ところがしばらくしてバスはまったく進まなくなってしまいました
あ…あれ？
HAKATA
高速道路で渋滞…
どうやらこの先で事故があった模様
こちらはかた号…はい…追突事故…えっ？トラックが炎上中…!?
ええっ!?燃えとると？
↑なまってる
ゲホ…
えっ!?
うしろから追突されて火が出たと～
こわかね～
こりゃしばらく動かんかもよー
ゲホ…
会話まる聞こえ
こわい…
ひええ～
それから1時間半くらいたってようやくバスは動きはじめ……
ブロロ…
ほっ
しばらく進むと車窓に燃えたトラックが見えて…
ぷ～ん
どよっ
ひぇ
おぉ
うわ！
わ～っ
わぁ～
車内にどよめきが起こる

そしてサービスエリアで洗面休憩をとったのち いよいよ消灯…
それではみなさま
ごゆっくりおやすみくださいませ…
消灯タイムになると通路には仕切りカーテンがひかれてちょっと個室っぽくなります
シャ〜
運転手さんが閉めにきてくれる
あ…なんか子どもの頃みたい…♡
シャー
ぐ〜
お母さんが閉めにきてくれた
しかしいざ寝るとなるとなかなか寝つけず…
う〜ん…
このまくら高さが合ってないよー
足を伸ばせなくて痛い〜
寝ポーズをいろいろ研究してみるもどれもこれもしっくりこない
横向き
Vの字
逆向き
体育座り
ダメだぁ〜もう眠れないよう〜
ぽり
ぽり
ぐちゃ
ぐちゃ
ぐぉ〜
誰かのイビキ
うう…いいなぁー眠れてる人〜
ぐぐ…
くそ〜寝るんだ自分〜!!
寝ろ〜〜!!

そして朝…
HAKATA
ブーン…
ふう〜〜〜… なんとかちょっと眠れたかな…
朝だ朝だ〜
あれ〜 雪が積もってる〜
ゴー
ここどこなんだろー？
え〜みなさま おはようございます
当バスは昨夜の事故の影響で約2時間遅れでただいま広島県内を通過中ですが さらにここでお知らせがございます…
この先 雪によるスリップで玉突き事故が起きており 高速道路が通行止めになっているとの情報が入ってきました
!!
さらにもうひとつの高速道路も雪のため通行止めとなっておりまして ここからは一般道に降りての走行となります
!!
そのため到着時間に大幅な遅れが生じると思いますが どうぞご了承ください
ひぇ〜
そしてとりあえずは朝の洗面休憩のためサービスエリアへ
SA
HAKATA
バスの旅はこうやって他県にちょこっと寄り道できる感じがいいなぁーと思う
わぁ〜 広島名物のお好み焼きに尾道ラーメン!!
尾道ラーメン
広島名物 お好み焼き
こだわりの味
もみじまんじゅう
じゅる… おいしそ〜う
時間がなくて食べられませんが…

そしてバスの中でもちょっとした朝食がサービスで出されます
Pan
COMO
レーズン入りパン
お茶
のむヨーグルト
これはサービスエリアで買った
一般道に降りたものの道は込んでいてのろのろ運転…
のろ のろ
あ〜あ…
車内ではまたビデオ上映もやってくれたりします
織田裕二の…
もぐもぐ
だけど今日の予定が狂ってしまった人達はにわかにざわめきはじめている
あの〜博多から長崎行きのバスに乗り継ぎの予約してあるんですけど…
すみません○○ですがー
到着が遅れそうでして…申し訳ございません
僕も鹿児島行きのバスに…
ごめ〜ん先行っててくれる〜?
あら〜
大変…
あ〜あ…私も予定ってほどじゃないけど…
お昼は博多ラーメンを食べようと思ってたのにな〜
でも本当に大変なのは運転手さんかもなぁ〜とも思う
へんな体勢で寝ている
ゲホ ゲホ
ふ〜
進まねぇなぁ〜
あ…おつかれさまです…
のぞき見

お昼を過ぎても バスはまだ 山口県あたり…
のろ
のろ
のろ
HAKATA
すっかり晴れてます
ぐすん… おなかすいた よお〜
ラーメンのページ
九州 ガイド ブック
ぐ〜
…と思っていたらバスの中で カンパンが支給された
元祖・非常食!!
カンパン
氷砂糖入
そしてみんなでカンパンを食べると いうちょっとへんてこな光景に…
(みんな素直に食べている)
ボリ ボリ
ボリ ボリ
ボリ ボリ
カンパンなんて 久しぶりに 食べたなあ…
ボリ ボリ
カン パン
こうして結局終点博多には 16時に到着
福岡(天神)駅
おつかれさま でした〜
えへへ… 19時間も 乗っちゃった〜
今回はたまたま 雪と事故で 遅れちゃいましたが 通常はほとんど スケジュール通りに 運行しているそうです
そして今日 宿泊のホテルに一度入って 外に出てみたら もう空は夕焼け色
HOTEL
カァ
ぎゃ〜っ 早く観光しないと 今日が終わっ ちゃう〜!!
あわわわ…
まずは行こうと思っていた 「元祖長浜屋」というラーメン屋 に行くことに
元祖長浜屋 ラーメン
元祖長浜屋ラーメン
あった〜 ここだ!!
ちず
昭和27年創業の 長浜ラーメンの 老舗店、なのらしい

あのお店はラーメンしかないから「ラーメンください」じゃなくて「カタ麺一丁」とかたのむのが通よー
元・福岡在住の人からもらったアドバイス
え…えーと カタ麺で…
はいよっ
教えられた通り
あ…お茶はセルフか…
やかん
ゆのみ
って このやかん重!!
ひ〜〜
これラグビーで使うサイズじゃ…
しっかりしろ!!
ジャー
なんてしているうちにもラーメン登場
はいっ
だんっ
早っ!!
お好みで紅しょうがごまをトッピング
元祖長浜屋
お〜
ラーメン ¥400
ガラッ
バリカタ〜
ふ〜
ここのお店は独特の注文用語が飛び交い お客の入れ替えも早くちょっとせわしない感じで…
かたいたま?
ガラッ
かたいたま〜
ベタナマネギ多め〜
替え肉〜
おじさん客多し
ずるる
私の滞在時間もなんだかあっという間でした
なんか急いで食べちゃった…
え〜っと おいしかった…かな?
ゲフッ
所要時間約5分

長浜ラーメンを食べたあと福岡の街をぶらぶら歩いてみることにしました
アンティーク家具
ラーメン
HOTEL
ギョーザ
和雑貨
テムジン
Select Shop
cafe・de HAKATA
ガヤ ガヤ
ガヤ ガヤ
けっこう都会だな～
キョロ キョロ
でもまたちがった東京とは雰囲気…
そして とある古着屋さんへ…
USED Men's Lady's
えへへ
古着好き
いらっしゃいませ～
このへんではよく買い物されてるんですかー？
えっ
あ…いえ…実は福岡ははじめてでー
それも今日着いたばかり…
えっそうなんですか？どちらから来たんですかー？
このときなぜか急に「東京から来た」と言うのが恥ずかしくなってしまい…
高速バス明けのため
頭ボサボサ
ほぼすっぴん
寝不足気味でくま
コートよれよれ
み…三重県から
と出身地を言ってしまう
…って三重県のみなさますみません
へぇー三重県!! あ…こっちでも深夜に東海テレビの番組やってて僕よく見てるんですよー
ペラ ペラ
『ノブナガ』って番組!!
へ…へぇー
ノブナガ？
あれおもしろいよねー名古屋城を目指す写真マラソンのやつー
あはは
ヤッシーが山に登らされたりしてさー
あはは
ど…どうしよう…
この番組知らない…
USED Men's Lady's
どうぞお気をつけて～
話が広がらないうちに逃げろ～っ
こうしてつまんないうそをついたために初福岡人との会話 あっけなく終了

そのあと一度ホテルに戻り…
HOTEL
なぜかミニ植木鉢2個購入
ごろっと寝っ転がったらば…
ふー疲れたあー…
思いっきり寝てしまいえらい時間に…
ひえええぇ〜
もう23時〜!?
がばっ
ガ
夜ごはんどうしようかなあ…
う〜〜ん…
とりあえず外に出るか…
ホテルを出てみると大通り沿いには屋台がたくさん出ていました
おでん
わはは
ガヤ
ガヤ
天ぷら
ラーメン・ギョーザ
おでん
ビール
天ぷら
ラーメン
ホルモン
焼とり
めんたい
味自慢ラーメン
ラーメン
おでん
わ〜屋台だ屋台だ〜♡
今回 一応屋台についての下調べもしてきたのですが…
雑誌切り抜き
天神の屋台行くならこの10軒
オススメ
最強のおでん
激旨餃子
定番の博多ラーメン
ガサ…
……
でもいざとなるとやっぱり女ひとりで屋台に入るのはかなり勇気がいってなかなか入れない
わはは
かんぱ〜い
ヤンヤヤンヤ
天ぷら どて焼
おでラーメン
やきめし
よっ
ひえ〜
ドキ
ドキ
ドキ

やきとり
どてやき
やきとり
ビール
焼ラーメン
おでん
わはは
ぎゃはは
う〜ん…
うろちょろ
うろちょろ
なんか仲間同士で
にぎわってる感じのとこは
入りづらいんだよなー
ぴゅ〜
うう…寒い…
どっか空いてて
入りやすそうなとこ
ないかなー？
かんぱーい
わはは
なんて思っていたら空いてる感じの
屋台を発見
あーしかも
この記事に紹介
されてるお店だー!!
ホルモン
おでん
がら〜ん
この10軒
てなわけでそこに思いきって入店
ドキドキ
こんばんは
そしたら本当にお客がひとりも
いなかった
がら〜〜ん
いらっしゃい
いらっしゃい
あ…あれ
私ひとり!?
え…え〜っと…
ビールと〜
明太玉子焼きと〜
ホルモン焼きと〜
おでんの大根…
ドキドキ
メニュー
は〜い
はいビールどうぞー
いまお仕事帰りー？
あっいえ福岡には
観光で今日はじめて
来たんです
東京から…
メニュー
へえー
女のひとりたび？
そしてひとりで
屋台だなんて
なかなか度胸
あるとねーっ!!
いや
そんな〜
メニュー
えへへ…
ほめられ
ちゃった…
ぐびぐび…
やったね…

わー
明太玉子焼き
おいし〜♡
福岡には
新幹線で
来たと？
それとも
飛行機？
いえ…あの
バスで
来ました
えっ
バス!?
東京
から!?
しかも高速で
事故があって
バスが遅れて
19時間も
かかっちゃ
ってー
えへへ…
ひょえー
19時間
!?
あ〜そういや
事故のニュース
見たと〜
じゅーじゅ〜
それで明日は
どこに行くと？
えーっと博多の街を
ぶらぶらしてから
太宰府にもちょこっと
行こうかなあーと
もぐもぐ
え…っ!?
太宰府に行くなら
九州国立博物館にも
行くじゃなかと？
あーそこも
行けたらちょこっと
寄ろうかなあーと
ダメダメッ!!
それは
ダメよっ!!
へっ!?
あの博物館はねっ
す〜っごく広いとよ!!
ちょこっと行って見られる
量じゃないのよ!!
私も
行ったと!!
そ…そうなん
ですか…？
せっかく入場料払って行く
ならじっくり見ないと
もったいないとよ!?
絶対
もったいない
あ〜
もったいない
と〜
は…
はい…
…などなどの観光アドバイスを受けつつ
屋台チャレンジ終了
ホルモン
おでん
ラーメン
ビール
ふーおなか
いっぱい…
しかし結局
他にお客来なかった
な〜

そして次の日…
HOTEL
HOTEL
屋台の人のアドバイス通り朝から太宰府に行くことに
Let's 太宰府!!
太宰府へは西鉄福岡（天神）駅から約30分
わーなんかかわいい色の電車ー♡
太宰府
太宰府駅を降りるとすぐ参道が続き修学旅行生もいて観光地っぽいムード
ガヤガヤ
ガヤガヤ
門前まつり
オルゴール
お〜
そしてびっくりするくらいそこらじゅうに「梅ケ枝餅」のお店が
どこがどうちがうんだ!?
梅ケ枝餅
名物 梅ケ枝餅
梅ケ枝餅
梅ケ枝餅
梅ケ枝餅
名物
合格ちくわ
食堂
梅ケ枝餅
いらっしゃいませ
梅ケ枝餅
名物
太宰府名物梅ケ枝餅
そこでその中の1軒でひとつ買ってみたら…
ひとつください
ありがとうございまーす
大名物
1個 105円
焼きたてで香ばしくてすごくおいしかった
あんこ入り
うま〜♡
そして学問の神様といわれる菅原道真をまつる太宰府天満宮へ
ピカーッ
（全国の天満宮の総本宮）

学問の神様というだけあって
境内には受験への熱い願いを込めた
絵馬がいっぱい
どっさり
合格しますように
絶対合格!!
○○大学
合格祈願
○○大学に
全員合格
必勝
合格
おー〜
それと菅原道真が京から左遷されたとき
彼を慕って一夜にして太宰府まで
飛んできたといわれる「飛梅」が
有名なのだそうです
2〜3輪だけ咲いてた
飛梅
カシャ
カシャ
まだ少し咲くには早かったなー
ざんねん…
そしてそんな太宰府天満宮の
すぐ近くに
九州国立博物館が
バーーーン
(2005年秋完成)
ひょ〜〜
すごく立派な建物…!!
中はうわさ通り広く
日本やアジアの文化遺産が
たくさん展示されていて
見応え十分
中国美の十字路
海の道 アジアの路
あじっぱ
これはたしかに短時間じゃ見られなかったなあー
歴史にはあまり詳しくない私だけど
なんだか笑えちゃうような展示品も
多くて楽しく見ることができました
幸せ顔のはにわ
にこ〜
熊の容器
水入れ?
「針聞書《はりききがき》」という
1568年に日本で作られた
東洋医学の本。
病気の原因となる
想像上の虫が
描かれている。
かわいい…♡
肺虫
肝虫
戦国時代のバイキンマン
ミュージアムでグッズも売られている
ぬいぐるみ
ポストカード
携帯ストラップ
その他……
仏像ハンカチーフ
はにわぬいぐるみ
などのオリジナルグッズも充実

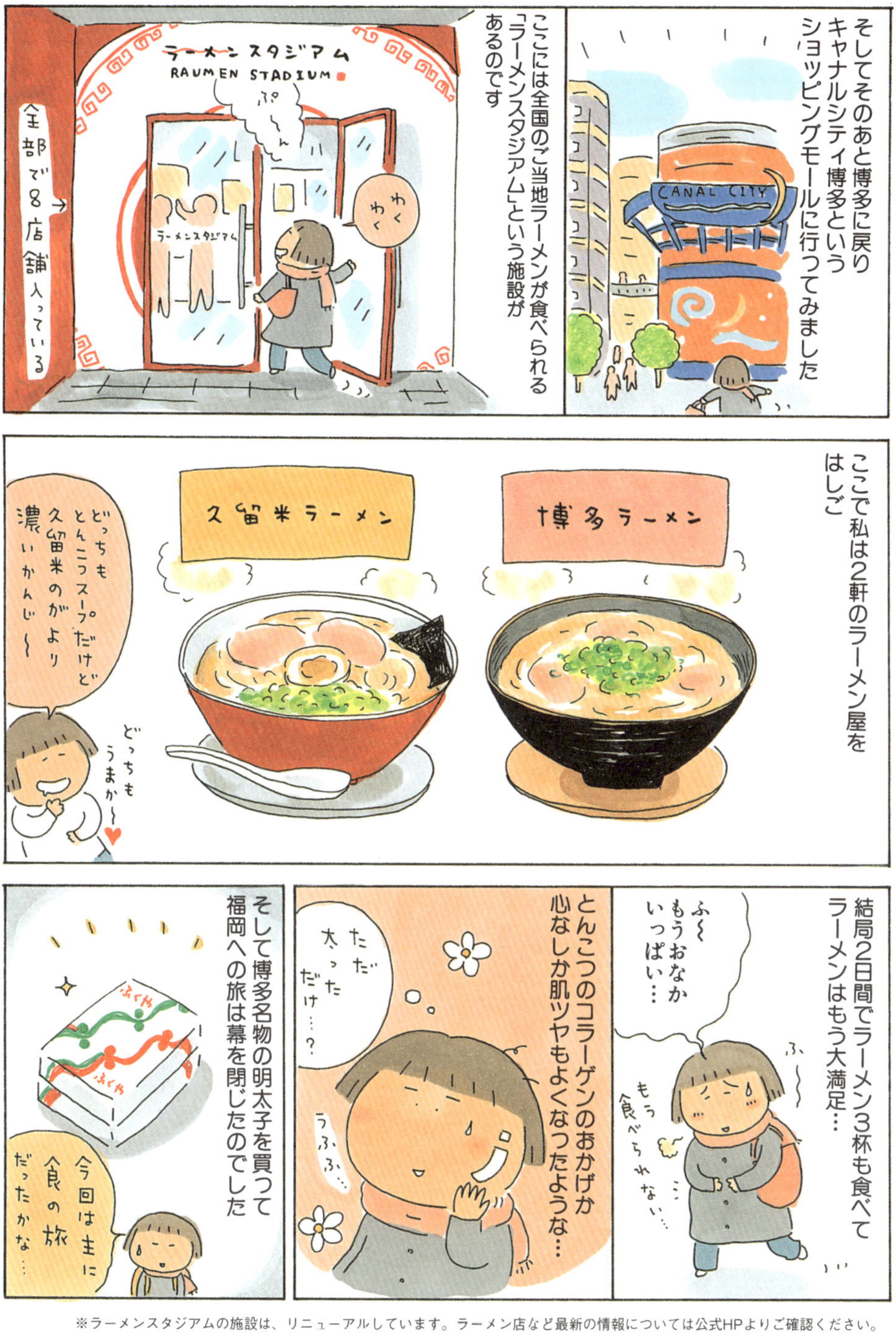

※ラーメンスタジアムの施設は、リニューアルしています。ラーメン店など最新の情報については公式HPよりご確認ください。

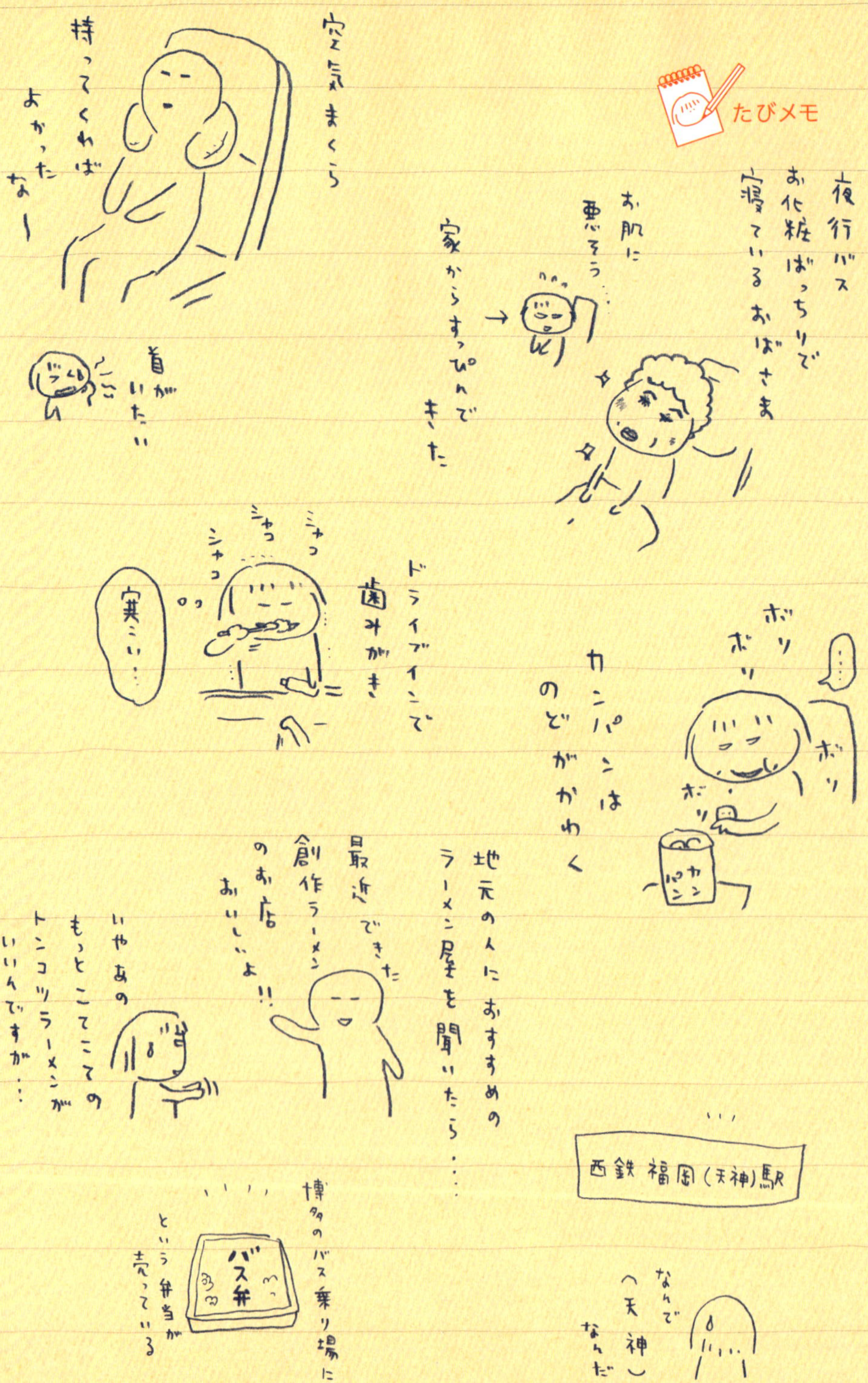
たびメモ
夜行バス
お化粧ばっちりで寝ているおばさま
お肌に悪そう…
家からすっぴんできた
空気まくら
持ってくればよかったなー
首がいたい
ボリ
ボリ
ボリ
ボリ
…
カンパン
カンパンはのどがかわく
ドライブインで歯みがき
シャコ
シャコ
シャコ
寒い…
地元の人におすすめのラーメン屋を聞いたら……
最近できた創作ラーメンのお店おいしいよ!!
いやあのもっとこてこてのトンコツラーメンがいいんですが…
西鉄福岡(天神)駅
なんで〈天神〉なんだ?
博多のバス乗り場には
バス弁
という弁当が売っている

なぜか太宰府の店で
スイカ柄のマットを買う
季節はずれ
かわいい……
天神駅
天神で聞く「通りゃんせ」
パ〜うううう
パ〜うう
本場だ〜
おお〜
明太子屋がいっぱいありすぎて迷う
TVで紹介!!
明太子
名物
明太子
大人気
明太子
元祖
明太子
いらっしゃ〜い
どうぞ
どれがおいしいのかな?

バス内でのビデオ上映は鬼平犯科帳スペシャル
次の日湯布院(大分)にも泊まった
博多↓湯布院(バスで2時間)

屋台でにぎわっていたところを昼に通ると…
うそのようになにもない
ガラ〜ン
由布岳をながめながら
露天風呂
(でも雨だったし)

博多まとめ

夜の新宿から出発！

カンパン。
なつかしいような、でも実は
あまり食べた事ないような…

バスではあまり寝られない体質なので、夜行バスというのは基本的に苦手なんですが、「日本一の長距離」と聞くとちょっと乗ってみたくなる性格です。
たしかに乗車時間はすごく長くて疲れましたが、いろんな出来事があったり人間ドラマが見られたりで、なかなかいい経験でした。
福岡の人はおしゃべり好きな人が多い印象で、明太子屋のおじさんも、おすすめのラーメン屋なんかをいろいろ教えてくれたりしました。しかし屋台に入るのは、本当に緊張したなぁ…。
せっかく九州まできたので、実は2日めは足を延ばして大分県の湯布院に宿泊しました。こちらはかわいらしい温泉街という感じで、のんびりしてきました。

➡DATA
夜行高速バス はかた号 https://www.nishitetsu.jp/bus/
元祖長浜屋●福岡県福岡市中央区長浜 2-5-19⇒（移転）福岡市中央区長浜2-5-25 トラストパーク長浜3-1F
太宰府天満宮●福岡県太宰府市宰府4-7-1　http://www.dazaifutenmangu.or.jp/
九州国立博物館●福岡県太宰府市石坂4-7-2　http://www.kyuhaku.jp/
ラーメンスタジアム●福岡市博多区住吉1-2キャナルシティ博多センターウォーク5F https://canalcity.co.jp/ra_sta/

南国で
めざせダイバー!!

沖縄編

今回は南の楽園 沖縄にひとりたびっ!!
ぶーーん
JAL
東京
沖縄
ひとりで飛行機に乗るのすら
ちょっとドキドキの今回…
ふぅ〜 無事に乗れてよかった…
ゴオオ…
搭乗手続きがよくわからない人
しかし本当のドキドキは旅の目的が
ダイビングのCカードを取得!!
……ということ
マリンスポーツにはほぼ無縁 & 体力に自信なし
思いきって申し込んでみたものの 本当に自分にできるのかな…
ドキン ドキン
そんな不安いっぱいのまま那覇に到着
めんそーれ 沖縄
オリオン 生ビール
沖縄そば
ぼ〜
そしてさらにバスに90分ほど乗って
恩納村にあるピンクマーリンクラブへ
ここで3泊4日のダイビング講習を
受けるのであります
Pink marlin club
バス
着いた 着いた〜
あの〜今日から お世話になります たかぎですが…
いらっしゃい〜
ドキ ドキ
はいっ ではこれ
どんっ
水中環境とダイビング
NAUI
部屋でそのビデオを見て自己学習してくださいね
まあでも 1本15分くらいですよ〜
わあ〜 5本もある…
ひえぇー ビデオが重い…
え〜っと 208号室っと…

部屋は海が目の前のコンドミニアムタイプ
ミニキッチンもついてる〜っ
わぉ〜
ユニットバス
使わなかったけど
そのあと近くをぶらぶらしつつ…
海がきれ〜〜い
「南栄」というお店で夕食をとることに
海産物料理店
南栄
う〜んおいし〜♡
ぱくぱくぱくぱく
オリオンビールも最高〜☆
たかせ貝のみそ炒め定食 ¥1420
←もずくもおいしかった!!
お店の人の話し方沖縄なまりでちょっと聞きとりにくい
あ〜気持ちいいなあ〜っと♡
えへえへ
ほろ酔い
ふわああ〜もう眠い〜…
ムニャムニャ…
シャワー浴びた
…じゃなかった!! ビデオ観なきゃいけないんだった!!
はっ
ど――ん
しかし結局この夜はちょこっとビデオを観ただけで撃沈…
海の中で気をつけなければいけないことは〜
ぐ〜…
5分くらい観た…

こうして次の日…
いい天気
ドッキドキの講習スタート
はあ〜 不安だなあ…
ビデオ観てないし…
(AM8:00)
そして今回担当してくれるのがインストラクターのNさん
よろしくお願いします
よ…よろしくお願いします
この日は講習を受ける人が他にいなかったためなんとぜいたくにもマンツーマン
でも仲間がいなくてちょっとさみし〜?
まずは注意点などの説明を受ける
ダイビングの経験は?
いえ…
シュノーケリングは?
いえ…
え〜っといろいろなトラブル例がビデオにも出てきたと思いますが…
ぎくっ
す…すみません まだビデオちょっとしか観てなくて…
いい歳して宿題忘れちゃった子の気持ち…
ああ…まあ大丈夫ですよ〜
そのあと器材のセッティング法などを習っていよいよビーチの浅瀬での実習へ
シュノーケル
マスク
ウエットスーツ
ウエイト
(浮力調整のためのおもり)
グローブ
ブーツ
フィン
タンク
BC
さいしょは空気タンクは使わずシュノーケリングで練習
足は体のうしろへっ
ひやぁ〜っ
ずるっ
うきわ
フィンがうまく使えない
でもこれでもなかなかバランスがとれない…

そしてちょっと慣れたところで
空気タンクの登場
ずし〜ん
お…
重!!
(ウエイトと合わせた総重量約20kg)
とりあえずこの格好で海の中にたどりつくだけでも一苦労…
く〜〜〜っ
ふら
ふら
あと少し〜
海の中に入っちゃえば軽くなりますよ
そんでもって水の中で息を吸うということになかなか慣れなくてこれまた大変…
ぶく
ぶく
ひぃぃ〜っ
もっとゆっくり呼吸しろと言っている
そのあと「マスクの中に海水が入っちゃったときの対処法」などの実習
ざーん
※この中でやってます
ぶく
ぶく
ぶく
こうして午前の実習が終了
はぁあ〜疲れたあ〜
どたー
昼休みは部屋で休憩
なんか午前だけでこんな疲れちゃってこのあとやってけるのだろうか…
ダイビング向いてないのかなあ…?
そして午後はボートに乗って沖での実習へ!!
私
ドキ
ドキ

そこで昨日から私と同じ講習を受けているという女の子2人と一緒に
2人とも関東方面からひとりで参加
にこっ
にこっ
どうもこんにちはー
わ〜仲間だ〜
あの…私 午前の実習を受けただけでかなりくたくたなんですけど お2人はどうですか〜?
や〜私もくたくたですよ〜 昨日なんて部屋に戻ったらすぐ寝ちゃって〜
私も昨日は疲れちゃって夜ごはん食べに出れなかった〜
あはは
ここで「みんな同じようなものなのかなあ〜」と 少し自信復活
器材が重いんだよね〜
そ〜そ〜
そうこうしているうちにダイビングポイントに到着 ボートから海に入るときは後ろ向きに飛び込んだりします
見本
ひょいっ
ひえぇ〜っ
重いタンクを背負っているのでけっこう怖い…
バックロールエントリーという方法
そしてロープにつかまりながら深く潜降する練習
水圧で耳が痛くならないように途中途中で「耳抜き」という動作もする
ぶくぶく
慣れないと体が浮いちゃう
はじめは水の中で呼吸をするのにいっぱいいっぱいなのだけど少し余裕が出てくるとまわりを見渡してみたり…
あ…魚…

そして息を吸ったら浮く吐いたら沈む…というのを体感
ふわ
ふわ
ふわ
すご〜い なんだか風船みたい…
※肺に空気が入ると軽くなる
こうして午後の実習も終了
うぐぐ〜っ
ずしっ
ブルブル
しっかり〜
海から上がるときタンクが超重い
ぐったり
ち…ちかれた…
しかしまだ終わりではなく このあと学科講習もあり…
深すぎるダイビングをすると体の中に窒素がたまりお酒に酔ったような窒素酔いという症状に…
すごく丁寧に教えてくれます
し…しかし眠い…
午後7時 この日すべての講習が終了
ばふっ
どっしぇ〜っ疲れたあああ〜長かったあ〜
ダ…ダメだ！もう寝ちゃいそう…せっかくの沖縄の夜なのに晩ごはんも食べずに終了…？
ぴく…
ちゃ…ちゃんぷる…
ラフテー…
ぐ〜
無念の
……しかし1時間後根性で復活
ハラヘッタ〜
じ〜

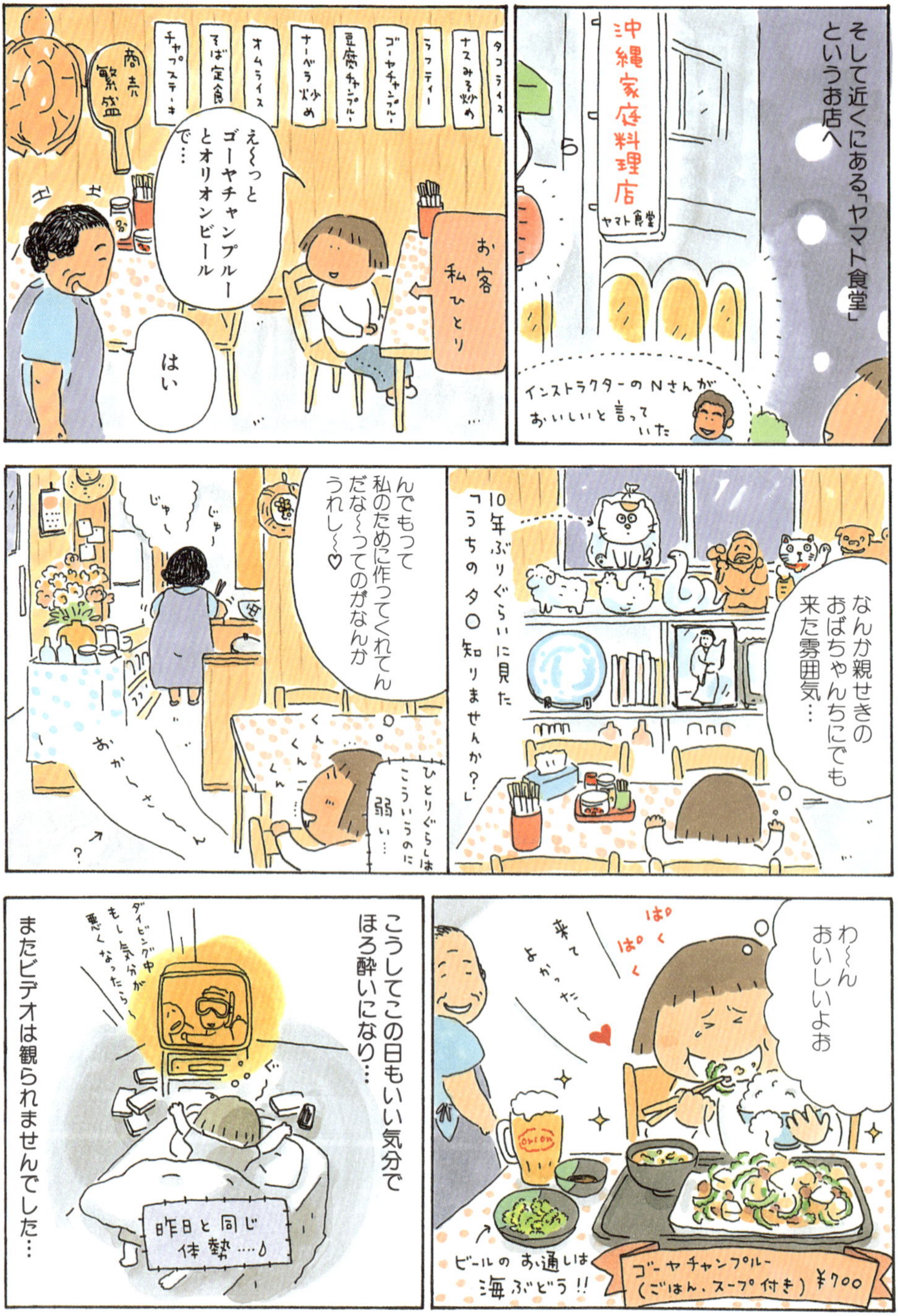

そして近くにある「ヤマト食堂」というお店へ
沖縄家庭料理店
ヤマト食堂
インストラクターのNさんがおいしいと言っていた
タコライス
ナスみそ炒め
ラフティー
ゴーヤチャンプルー
豆腐チャンプルー
ナーベラ炒め
オムライス
そば定食
チャンプステーキ
商売繁盛
お客私ひとり
え〜っとゴーヤチャンプルーとオリオンビールで…
はい
10年ぶりぐらいに見た「うちの夕○知りませんか？」
なんか親せきのおばちゃんちにでも来た雰囲気…
んでもって私のためだけに作ってくれてんだな〜ってのがなんかうれし〜♡
じゅ〜
じゅ〜
おか〜さ〜ん
くんくんくん
ひとりぐらしはこういうのに弱い…
わ〜んおいしいよぉ
ぱくぱく
来てよかった〜
ビールのお通しは海ぶどう!!
ゴーヤチャンプルー（ごはん、スープ付き）¥700
こうしてこの日もいい気分でほろ酔いになり…
ダイビング中もし気分が悪くなったら
昨日と同じ体勢…
またビデオは観られませんでした…

そしてダイビング講習も2日めに突入
すでにちょっと筋肉痛…
今日は朝から沖へ出て…
ぶーーーん
さっそく海洋講習スタート!!
ひょいっ
ドキドキ
ドキッっっ
今日もインストラクターのNさんとマンツーマン
まだまだ水の中に恐怖心はあるものの
昨日よりはだいぶ慣れてきた感じ
呼吸が速い
つい足をバタバタさせちゃう
ゆっくり
ところでNさんが大事そうに持ってるあれはなんだろう？と思っていたら
?
なんとお絵かき玩具の「せんせい」!!
何度も書いて消せるやつ
せんせい
な…なつかしい!!
どうやら海の中での指示はこれで出すらしい
バディブリージングアセント
「せんせい」がこんな海の中で使われてたとは…
そんな「せんせい」に助けられつついろいろな実習を行う
空気切れになったとき、もう一人に空気を分けてもらう練習
ひとつのレギュレーターを交互に使う
海の中とはいえちょっと照れくさい…

海草が絡まっちゃった場合などを想定して、水中での器材脱着
よいしょっと
1回脱ぐ
沈みすぎず 浮きすぎず ちょうどいい浮力を保つ練習
わぁぁ〜っ 沈んじゃう!!
(中性浮力という)
底についたらダメ
実習を必死でこなすうち だんだん動き方のコツもわかってくる
下へ… 下へ……
すい〜
「潜降」のサイン
そしてさらに 海の奥深くへ…
なんだか空を飛んでるような気分…
すると…
水深18m
えっ!?
水深18mというのは今回取得するCカードで潜ることができる最大の深度
キラ キラ
すご〜い… 水面があんなに遠くに……
自分がこんなに海の深いところにいるだなんて なんだかうそみたいな気分…
こうして本日1回めの海洋講習が終了
海から上がるとやっぱりタンクは重い……
ずしっ

いったん陸に戻って休憩をとったのち2本めの海洋講習へ
ではまず器具の説明をしまーす
キャッ
キャッ
おっ
すると今から体験ダイビングに参加する女子団体と一緒になった
すごくにぎやかだなぁ～
どっかの学校？
あはは
どう？
やだ～
楽しみ～
ね～
そう…ダイビングは講習を受けなくても体験できちゃうのだ
でもはじめていきなり深い海にもぐるのって…
やだ～こわ～い
キャー
はいとびこんで～
けっこう勇気がいるよなーと思ったりする
もちろんすぐに楽しめちゃう人もいっぱいいるけど…
あはは
もぐりまーす
ゆっくりでいいですよ
なかなかなじめない人もいる様子…
私もいきなりだったらどうなってたことか……
ごくん…
のみこみが悪い人
キャッ
キャッ
私のまわりでも体験ダイビングをしてみたものの…
ダメ～私ダイビング向いてなかったみた～い
耳痛いしさぁ～
という人がけっこういるのだけど…
そういう人でもちゃんと講習を受けたり 何度かもぐって慣れてくれば ダイビングの印象はぐっと変わるような気がします
では…いよいよ最後の海洋講習となります…
がんばりましょう!!
は…はいっ

最後は方位磁石を使ってひとりで目的地まで行って帰ってこられるかという練習
目的地
そろ〜〜り
こうして海の中での講習はすべて終了
OKです
あとは海の中を楽しみましょう!!
やった〜♪
講習が終わって気が楽になると海の中はますます楽しくなってくる
えへえへ
終わった終わった〜
あっクマノミ!!
ウミウシ!!
腸を出すナマコ
で〜〜ん
へっ?
ちょいちょい
びくっ
ひゅるるる〜
!!
ひょえぇ〜……
腸にさわるとべたべたします
じ〜
海の中にはへんてこな生き物もいっぱい……

そして…
あっ
すごい数の魚の群れが…
うお〜っ
どうしよう…!!
めちゃくちゃ
きれい……!!
キラ
キラ
キラ
じ〜〜ん…
泣いてます
海の中ってば神秘的で…
別世界のようで…
メルヘンチックなことを言ってしまうと
ほんともう…
すい
お魚になった気分…… うふっ
こうして海洋講習が終了
ふぅ〜
疲れた…
でも昨日より全然疲れてない!!
どうも
お疲れさまでしたっ
こちらこそ
どうもお世話に
なりました!!
ありがとうございましたっ
あははっ
しかし…

まだ最後の関門の学科試験が…
今日も授業
空気タンクにはアルミタンクとスチールタンクの2種類がありアルミは…
ううう…頭に入りきらないよう～
どうしよう～
NAUI Scuba Diver
自習タイム
まあでは…試験をはじめましょうか…
ひぃ～
チク タク チク タク
ただいま 試験中
う～ん…
う～ん…
そして採点結果はすぐに出されます
たかぎさん…何点あれば合格か知ってますか…？
えっ!?
な…76点ですよね…？
（100点満点中）
たかぎさんの点数は…
ひぃぃ～
ドキン ドキン
ドキン ドキン
76点でした
採点しててドキドキしましたよ……
76
ひえええ～っ!!
こうしてギリギリながらも
おめでとうございます
これでダイバーですね!!
無事Cカードを取得!!
ほんとありがとうございました～
うう…
そして夜は沖縄名物「海ぶどう丼」でひとり祝賀会
その名も
元祖海ぶどう
という お店
ふふふ…かんぱ～い♡
orion
うまかった…
¥1200

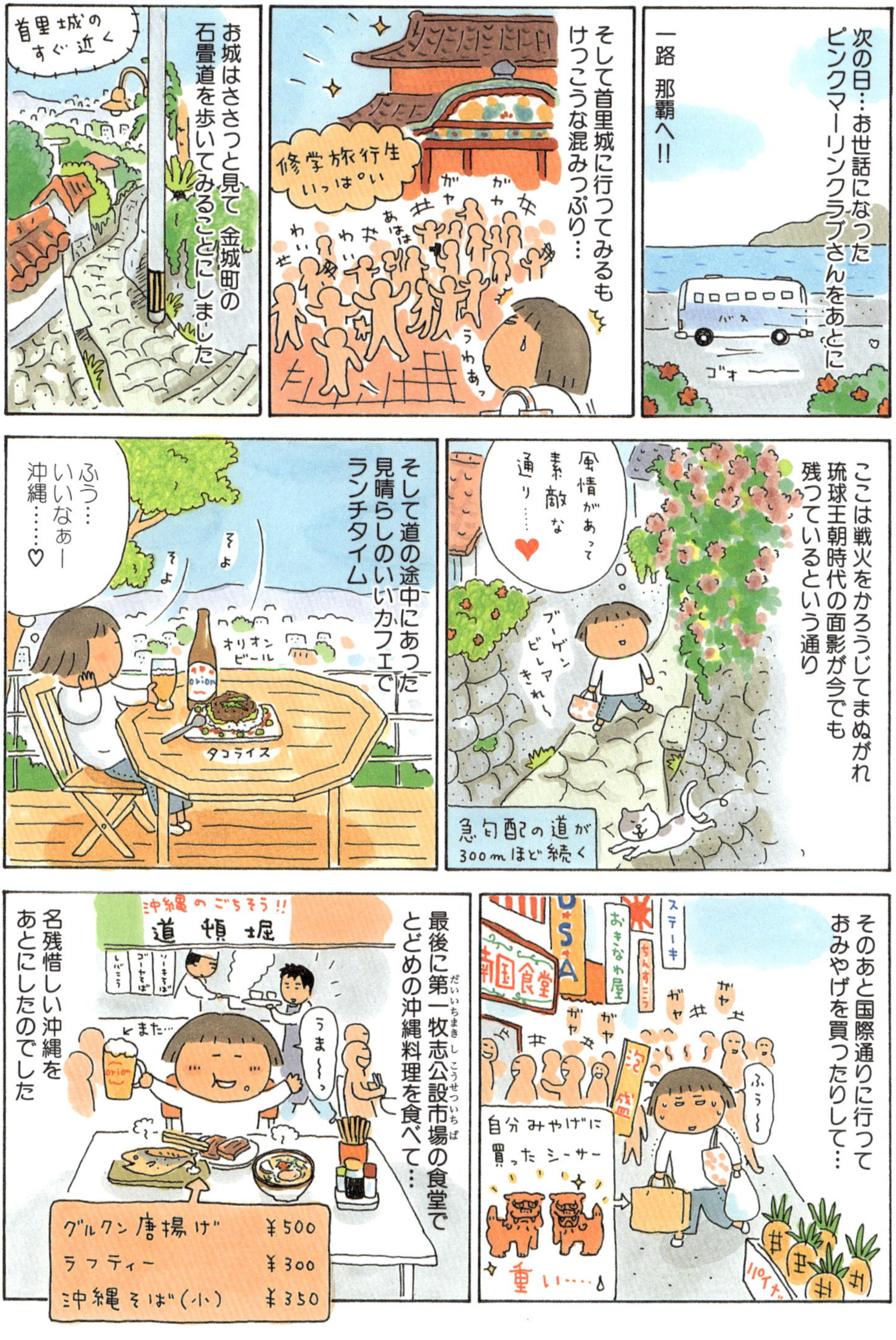
次の日…お世話になったピンクマーリンクラブさんをあとに
一路 那覇へ!!
バス
ゴォ
そして首里城に行ってみるもけっこうな混みっぷり…
修学旅行生いっぱい
ガヤ
ガヤ
キャ
あはは
うわあっ
お城はささっと見て 金城町の石畳道を歩いてみることにしました
首里城のすぐ近く
ここは戦火をかろうじてまぬがれ琉球王朝時代の面影が今でも残っているという通り
風情があって素敵な通り……
ブーゲンビレアきれ〜
急勾配の道が300mほど続く
そして道の途中にあった見晴らしのいいカフェでランチタイム
ふう… いいなぁー 沖縄……♡
そよ
そよ
オリオンビール
タコライス
そのあと国際通りに行っておみやげを買ったりして…
ステーキ
おきなわ屋
ちんすこう
南国食堂
USA
泡盛
ガヤ
ガヤ
ふぅ〜
自分みやげに買ったシーサー
重い……
パイナ
最後に第一《だいいち》牧志《まきし》公設《こうせつ》市場《いちば》の食堂でとどめの沖縄料理を食べて…
名残惜しい沖縄をあとにしたのでした
沖縄のごちそう!!
道頓堀
←また…
うま〜っ
グルクン唐揚げ ¥500
ラフティー ¥300
沖縄そば(小) ¥350

たびメモ

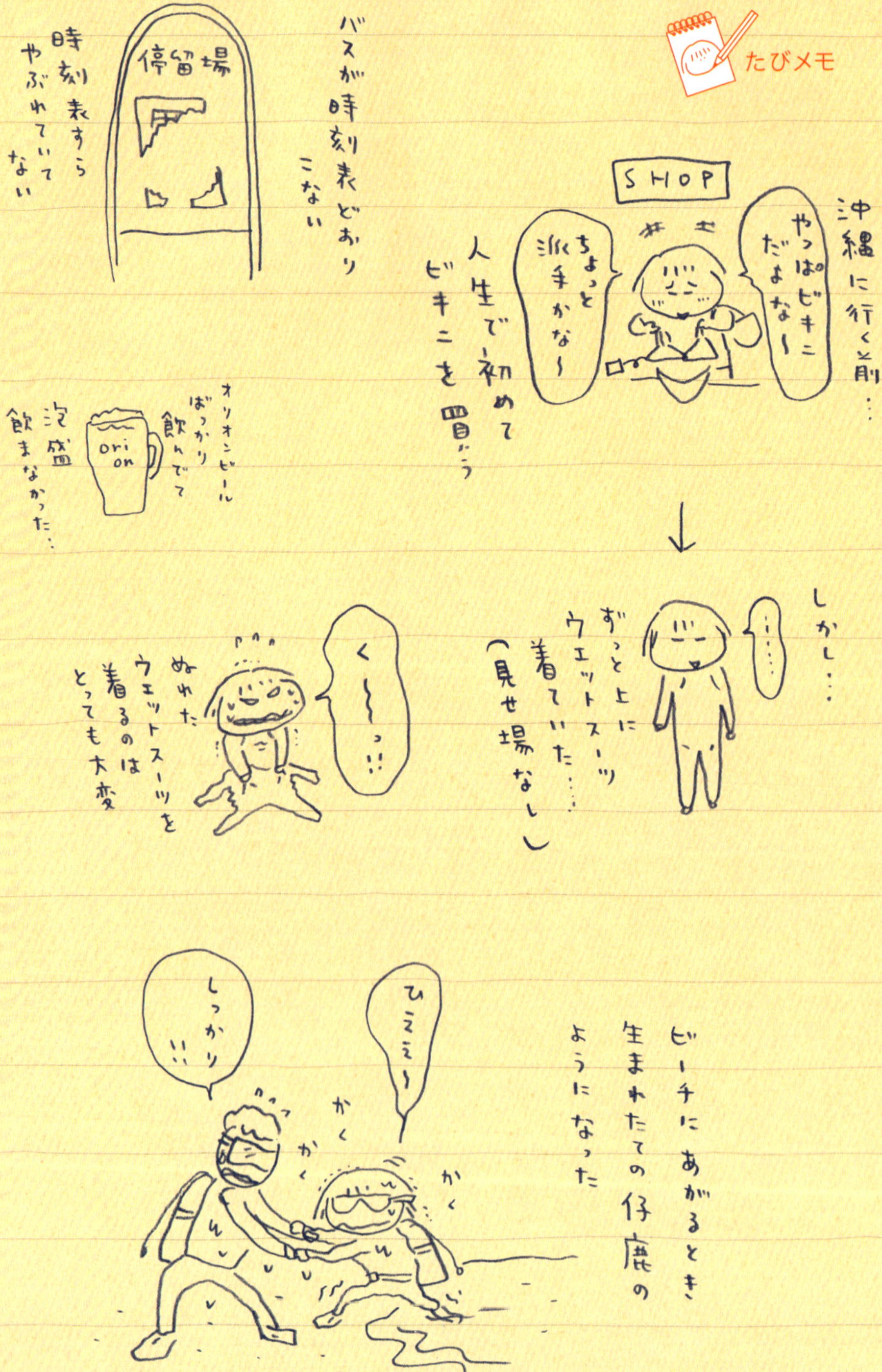
沖縄に行く前…
やっぱビキニだよな～
ちょっと派手かな～
人生で初めてビキニを買う
SHOP
バスが時刻表どおりこない
停留場
時刻表すらやぶれていてない
しかし…
……
ずっと上にウエットスーツ着ていた……（見せ場なし）
オリオンビールばっかり飲んでて
ori on
泡盛飲まなかった…
く～っ!!
ぬれたウエットスーツを着るのはとっても大変
ビーチにあがるとき生まれたての仔鹿のようになった
ひえええ～
しっかり!!
かく
かく
かく

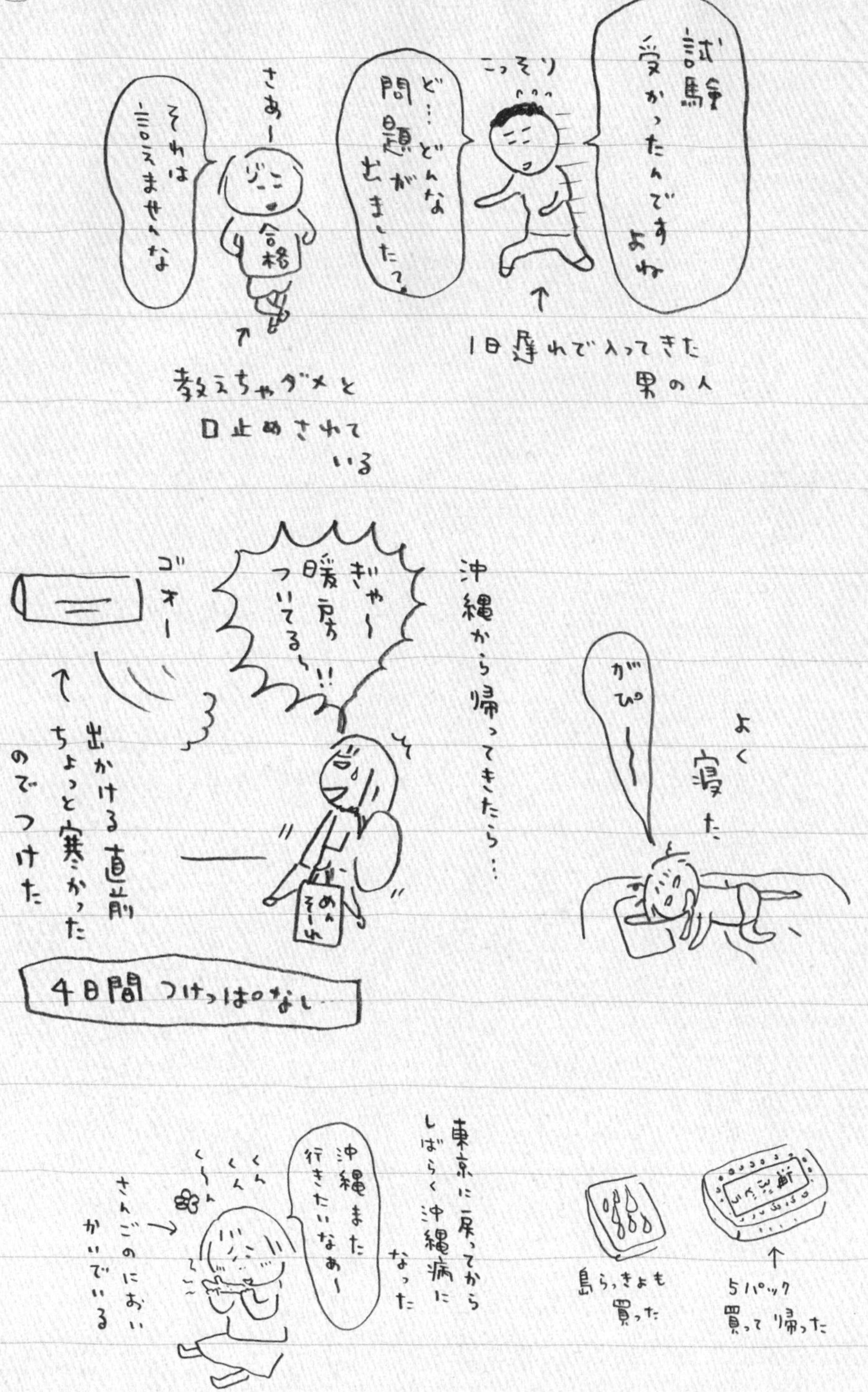
試験受かったんですよね
こっそり
1日遅れで入ってきた男の人
ど…どんな問題が出ました?
さあ~
それは言えませんな
合格
教えちゃダメと口止めされている
沖縄から帰ってきたら…
ぎゃ~暖房ついてる~!!
ゴオー
出かける直前ちょっと寒かったのでつけた
めんそーれ
4日間つけっぱなし
よく寝た
がぴ~
東京に戻ってからしばらく沖縄病になった
沖縄また行きたいなあ~
くんくんく~ん
さんごのにおいかいでいる
島らっきょも買った
5パック買って帰った

沖縄まとめ

全種類食べたい…

Cカード本物。
よ、よかった（涙）

おみやげのシーサー。
玄関でにらみをきかせてます

海水浴すらめったに行かず、ダイビングなんて自分は一生しないかも、と思ってたのですが、思いきってチャレンジしてみた沖縄編。
日頃の運動不足がたたって講習初日は本当にくたくたでもうダメかと思ったんですが、沖縄料理食べてがんばりました。体を動かしてるせいか沖縄料理がおいしいのか、滞在中はものすっごい食欲でした。
ダイビング講習は意外にもひとりで参加している人が多かったし、それよりも講習についてくのでいっぱいいっぱいで、「ひとりでさみしい」などと思う余裕すらありませんでした。
いろいろ大変だったけど、振り返ってみればとても楽しかったです。

➡DATA
ピンクマーリンクラブ●沖縄県国頭郡恩納村前兼久167　https://www.pinkmarlinclub.jp/diving/
南栄／ヤマト食堂●閉店しました
元祖　海ぶどう本店⇒（移転）沖縄県国頭郡恩納村恩納2767　万座毛周辺活性化施設　2F　https://www.ganso-umibudou.co.jp/
第一牧志公設市場●沖縄県那覇市松尾2-10-1　https://www.makishi-public-market.jp/

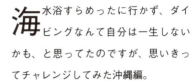

舞妓気分ではんなりと

京都編

今回のひとりたびは日本の古都…
京都
東京
京都
いつも旅先ではつい食い気に走りがちな私だけど…
ぱく ぱく ぱく ぱく
ゲフ…
今回はひとつはんなりと大人っぽい女のひとりたびを目指してみようかと思っとります
ふふふふ……
ゴオオ
茶
服もやや大人っぽく…
ところで行ったのは梅雨まっただ中の時期だったため
どうか雨が降りませんように〜晴れますように
と 出発前毎日祈ってたら…
京都
ピカー
十分すぎるほど快晴に…
ひぇぇ〜暑い〜〜
JR京都駅
30度超!!
むあ
そしてまずはバスに乗って清水寺《きよみずでら》へ
清水寺
みやげ
あち〜
茶わん坂
清水焼
バス停からちょっと歩く
すると修学旅行生がいっぱいでとってもにぎやか…
先生〜
わいわい
ガヤガヤ
こら走るな
きゃはは
さ…さすが定番のスポット…
水を飲むとご利益があるという音羽の滝も大行列が……

でもそういや私も修学旅行でここに来たんだよね…
キャッ
キャッ
あれは小学6年生のときだったから…
きゃはは…
しおり
…ってことはもう20年前!?
ガーン
現在32歳….
うそ~っそんな前になるんだっけ~
あわわ…ふた昔前じゃん…
…と 清水の舞台の上で時の流れの速さを痛感する女がひとり…
キャッ
キャッ
そのあと産寧坂《さんねいざか》~二年坂《にねんざか》をぶらぶらしつつ…
う~ん情緒あるなあ…
竹久夢二
わらび餅を食べて休憩
「洛匠《らくしょう》」というお店
わ~~ん
やわらか~い
とろ~ん
草わらび餅 ¥650
庭にものすごく大きな鯉がいる
さらにお茶漬けでランチ
京佃煮「やよい」のカフェコーナー
わらび餅食べたばっかだけど
さら さら さら
お茶漬け膳 ¥1365

そして今日のメインイベントは実は
舞妓さんに変身!!
して写真を撮る
なのですが…
予約時間までまだちょっとあったのでその近くの建仁寺《けんにんじ》というお寺に立ち寄りました
双龍図…?
建仁寺
「双龍図」公開中
そしたらここがなんだか落ち着く感じの素敵なところでした
あ…なんかいいここ…♥
中庭
まったり
みんなぼ〜〜っとしている
法堂の天井に描かれた「双龍図」も迫力満点
ギロ
どこから見てもにらまれてるように見えるのだそう…
わ〜
ひょえええ〜
そうこうしているうちに時間になりいざ舞妓変身へ!!
舞妓さんに変身
舞香
舞香
へへへ…
ドキドキ
まずは簡単な説明を受けたのち襦袢に着替えて…
足袋も
好みの着物を選びます
ズラ〜〜〜
いっぱいあって迷う〜
お好きなのをどうぞ〜

そしてそのあとヘアメイク
ぺた ぺた
ここも白く塗る
私
（他にもお客さん いっぱい）
わいわい
メイクはなにやら たくさん塗られてるのだけど 目をつむってるのでよくわからない…
ぺた ぺた
ぬり ぬり
ど……どうなってるんだろ……
デーモン小暮っていつもこんな感じなのかな
いやあれは素顔だっけ…
それからあっという間に 着付けてもらって…
あ～れ～
ぐる ぐる ぐる
舞妓変身完了!!
じゃ～～～ん
※私です
ひょえぇ～っ!!
だ…誰…？
ではこちらに どうぞ～
そして写真撮影
はい にっこり～
カシャッ
さらに自分のカメラで 自由撮影もできます
ひとりで来た人は スタッフさんが 撮ってくれる
撮りま～す
私のデジカメ
屋外での撮影もできるのだけど 舞妓姿で歩くのはほんと大変…
気をつけて～
うう…かつらが重い… こ…こけそう…
おこぼ
ピカー
し…しかも暑い……

この舞妓変身
小さい子どもからおばあちゃん
はたまた男性の方まで
いろんな人が体験しにくる
そうです
→河原で撮ってもらった写真
ま…
似合うかどうかは
おいといて…
旅の思い出に
いかがでしょうか
料金は ¥6500〜 いろいろなコースがありましたよー
そのあと持参したクレンジングでメイクを落とし…
ごし ごし ごし ごし
舞妓体験終了!!
ふ〜
らくちん…
photo
べた〜〜
う〜ん…
でもやっぱまだ落としきれてないな…
髪につけた油が残っている
そこで一度宿にチェックインすることに…
今晩の宿は祇園《ぎおん》近くの石塀小路《いしべこうじ》というところにある「田舎亭」というお宿
田舎亭
もとは100年以上前に建てられた料亭というここは
こちらのお部屋になります〜
わ〜
ギシ…
現在は1泊朝食付きの片泊まりの宿になってます

そしてひとつ風呂浴びてスッキリしたところで観光再開
もう夕暮れ…
お〜っ
電車に乗って一乗寺駅まで行き…
いちじょうじ
一乗寺
ワンマン
EIDEN
ちっちゃくてかわいい電車
前から行ってみたいと思っていた「恵文社」という本屋さんへ
けいぶん社
いちじょうじ店
あったあった
店内には独自の視点でセレクトされた本や雑貨が並び…
わ〜この本かわいい〜♥
へぇ〜こんな本初めて見た〜
ギャラリーもあったりの個性的な本屋さん
ONE
とっぷり…
えへへ…おもしろかったな〜
るん…♪
ところで一乗寺といえばラーメンもけっこう有名らしいけど…
ガイドブック
一乗寺ラーメン
ますたに
天下一品総本店
高安
天天有
ごくん…
ラーメン好き
で…でもダメだ!! 今回は大人っぽく女らしい旅にするって目標だったじゃんっ!!
ばたんっ
…ってなわけで再び電車に乗って夜の祇園へ…

ちょっとお高いイメージの祇園も
最近は気軽な店も増えてきた
そうで どこかよさげな店は
ないかと歩いてたら…
ガヤ ガヤ ガヤ
ん？
祇園の穴場
なにやら人だかりが
あっ
舞妓さんだあ〜!!
キャッ キャッ
写真プリーズ
プリーズ
わい わい
外国人に大人気
やっぱりどこかのニセモノと
ちがって本物の舞妓さんは
品があって
ニセモノ
う…
すごくかわいい…
わい わい
そして晩ごはんはというと
何軒かのぞいてみたものの
ガヤ ガヤ
う〜ん…
うろ うろ うろ
ひとりで入るのは
どうもびびってしまい…
なんだか時間もだんだん
遅くなってきて…
おおきに
あはは
どんどん入りづらく
なってきて…
おろ おろ
ど…
どうしよー
ガヤ ガヤ ガヤ
結局パンを買って宿で食べる
という全然大人っぽくない
晩ごはんになって…
とほほ…
はむ はむ はむ
ベーカリー
この日は終了…

そして迎えた
2日めの朝――
チュン…
チュン…
田舎亭
昨晩 夕食がしょぼかったため 朝から
すでにはらぺこの私…
ぐぅ
すると…
失礼
しますぅ
きたーっ
おお〜っ!!
じゃ〜〜ん
ごゆっくり
どうぞー
わ〜っ
お待ちかねの朝ごはんは
彩りがとってもきれいで
健康的なメニュー
こうしておなかも満たされ…
朝からこんな
しっかり食べる
のって
久しぶりだな〜
ぱくぱく
湯豆腐
おいし〜
宿をあとに
どうも
おおきにー
また
おこし
やす
お世話に
なりました〜
そしてバスに乗って
嵐山に行きました
ゴォー
嵐山

まずは世界文化遺産でもあるという天龍寺へ
大本山天龍寺
しかし今日も暑いなあ
ふぅ～
むあ
ここには池のある立派な庭園があり
建物の縁側からしばらく眺めることにしました
わ～～っきれ～♪
ビュ～ティホ～
ふと気づけば同じように縁側に座ってぼ～っとしているひとり女が3人…（私含め）
おょ、
ふぅ～ん…みんなひとりたびなのかなぁ～
なんかさぁ～大人の女がこうやってひとりで庭園を眺めてる図っていいよね～
…って私もはたから見たらそういう風に見えてたりして♡
てへっ
そのあと 嵐山といえばの渡月橋を見に行きました

そして橋の上から写真を撮っていると…
ほげ〜
あの〜〜〜
よかったらシャッター押しましょうか
…と 人力車のお兄さんに声を掛けられた
いや…あのけっこうです
そうですか〜?
どぴゅーん
なぜか逃げる
そう…このあたり人力車屋が多くひとり歩きの女はねらいめなのかさっきからやたらと声を掛けられていたのだ
こんにちはー!
ぎくっ
いかがです〜?
ぎくっ
しかし私は人力車はちょっと苦手なタイプ
だって見知らぬ男の人に車引いてもらうのってなんか照れくさいんだもん〜
しかも妙にかっこいい人が多い気が….
筋肉
色黒
なんて思っていたらばすぐ横を女性ひとり客を乗せた人力車が通り…
うふふ…
では次にご案内しまーす
あっ
それがなんだかとっても絵になる光景で…
買った
ちょっぴりカルチャーショック
そうか…他の人はひとりで人力車に乗れるのか…
お…大人だなあ…

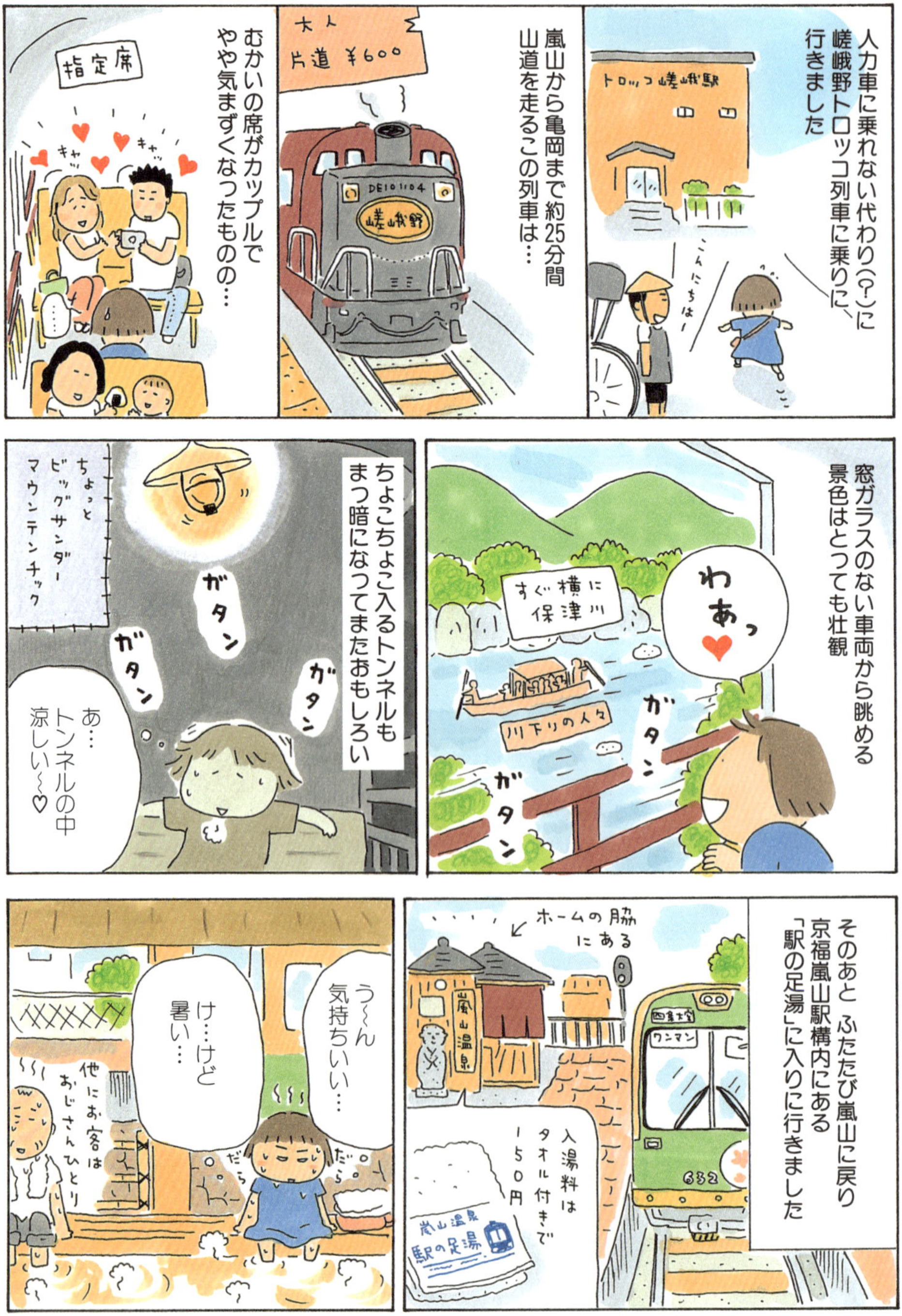
人力車に乗れない代わり(?)に
嵯峨野トロッコ列車に乗りに、
行きました
トロッコ嵯峨駅
こんにちは！
嵐山から亀岡まで約25分間
山道を走るこの列車は…
大人
片道 ¥600
DE101104
嵯峨野
むかいの席がカップルで
やや気まずくなったものの…
指定席
キャッ
キャッ
窓ガラスのない車両から眺める
景色はとっても壮観
わあっ
すぐ横に
保津川
川下りの人々
ガタン
ガタン
ちょこちょこ入るトンネルも
まつ暗になってまたおもしろい
ちょっと
ビッグサンダー
マウンテンチック
ガタン
ガタン
ガタン
あ…
トンネルの中
涼しい～♡
そのあと ふたたび嵐山に戻り
京福嵐山駅構内にある
「駅の足湯」に入りに行きました
ホームの脇
にある
嵐山温泉
四条大宮
ワンマン
632
入湯料は
タオル付きで
150円
嵐山温泉
駅の足湯
う～ん
気持ちいい…
け…けど
暑い…
他にお客は
おじさんひとり
だら
だら

ふぅ〜…
バス 嵐山
それからバスに乗って苔寺方面へ
ポカ
ポカ
ポカ
到着後 まずは目の前にあったそば屋で昼食をとることにしました
とろろそば
おっ
バス 苔寺
ここのおそばとってもおいしかったのだけど
はふ はふ
さっきの足湯とあったかいそばがあいまって滝のような汗が…
とろろそば ¥1000
お店の人
ふふふ ひとりたびですか〜？
よかったらお写真でもお撮りしましょうか
あっ はい
だらだら
駅の足湯
↑足湯のタオル
というわけでお店の前で記念撮影
苔乃茶屋
名物門前とろろそ
そば
お店のパンフ
だけどあとから見てみたらどう見てもただの風呂上がりの女…
カシャッ
そんな大汗をかきつつ鈴虫寺へと向かいました
鈴虫寺
あち〜
このお寺は願いごとをひとつだけ言うとわらじを履いたお地蔵さんが家まで願いを叶えにやって来るという「幸福地蔵」が有名で…
想像図
そんなちょっとロマンティックないわれがあるためか 女性の参拝者でいっぱい
まずお説法を聞く
お茶 お菓子付き

実は私は10年以上前にここのお守りを姉からもらつたことがあるのだ
このお守りに願いごとを言うとお地蔵さんが家にやって来て叶えてくれるって〜
はいあげる
姉
まだ学生
京都帰り
ほえ？
お…お地蔵さんが家まで来る…!?
なんか怖い…
ま…とりあえずお祈りしておくか〜
将来絵で仕事ができますように〜
京都に向かって祈る
…とまあ そんな思い出もあるお寺なのでありました
そうか〜あんとき姉ちゃんはここに来たんだな
リ〜ン リ〜ン リ〜ン
鈴虫がたくさん飼われてる
姉ちゃんのやつめ…
そしてあのときと同じお守りを姉の分と2つ購入
ふふふ…姉ちゃんへのお土産はこれにしよ〜っと
御守
それからまたバスに乗つて荷物を置いていた四条駅まで戻り……
コインロッカー
よいしょっと
そろそろ帰路につこうかと思つたのだけど…
そういえば京都といえばレトロなカフェも人気だよな〜
どっか行っとくか？
つてなわけでちよつと歩いて老舗カフェのイノダコーヒ本店へ
FRESHLY ROASTED COFFEE
INODA COFFEE
イノダコーヒ本店

店内に入るとぷぅ〜んとコーヒーのいいにおい
いらっしゃいませ〜
くんくんく〜ん
しかし実は私はコーヒーがあまり得意ではない
で…でもここに来たならやっぱコーヒーだよなあ…
においは好き
MENU
え〜っとこのアラビアの真珠とチーズケーキを
はい
※「アラビアの真珠」という名のコーヒー
こうして出てきたコーヒーはというと…
ミルクと砂糖がはじめから入っている
ほほう…これは深い味わい…
コクがあるのに香りはさわやか…
…とか全然わかりませんでした
ううっにがいっ!!
という感想しかない。コーヒー好きの人すみません
多分、普通のコーヒーより酸味があると思います
でも店内はとっても落ち着く雰囲気で…
しばらくまったり…
ちびちび
こんな感じで大人っぽかったかどうかは疑問だけどなんだかほっこり気分で京都の旅は終わったのでした
新幹線にて
はぁ〜ビールがあま〜い

たびメモ

舞妓変身

何色の着物が着たいかくらい決めてくりゃよかった

いっぱいあってきめれん

京都の夏は
えろうあつう
おますなぁ〜

河原におりるとき
階段がめちゃ怖かった

清水寺境内にある

えんむすびの神

女ひとりたび
こういうとこを参るとき
ちょっと人目が気になる

別にたまたま
あったから参ってる
だけだぞ〜

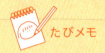

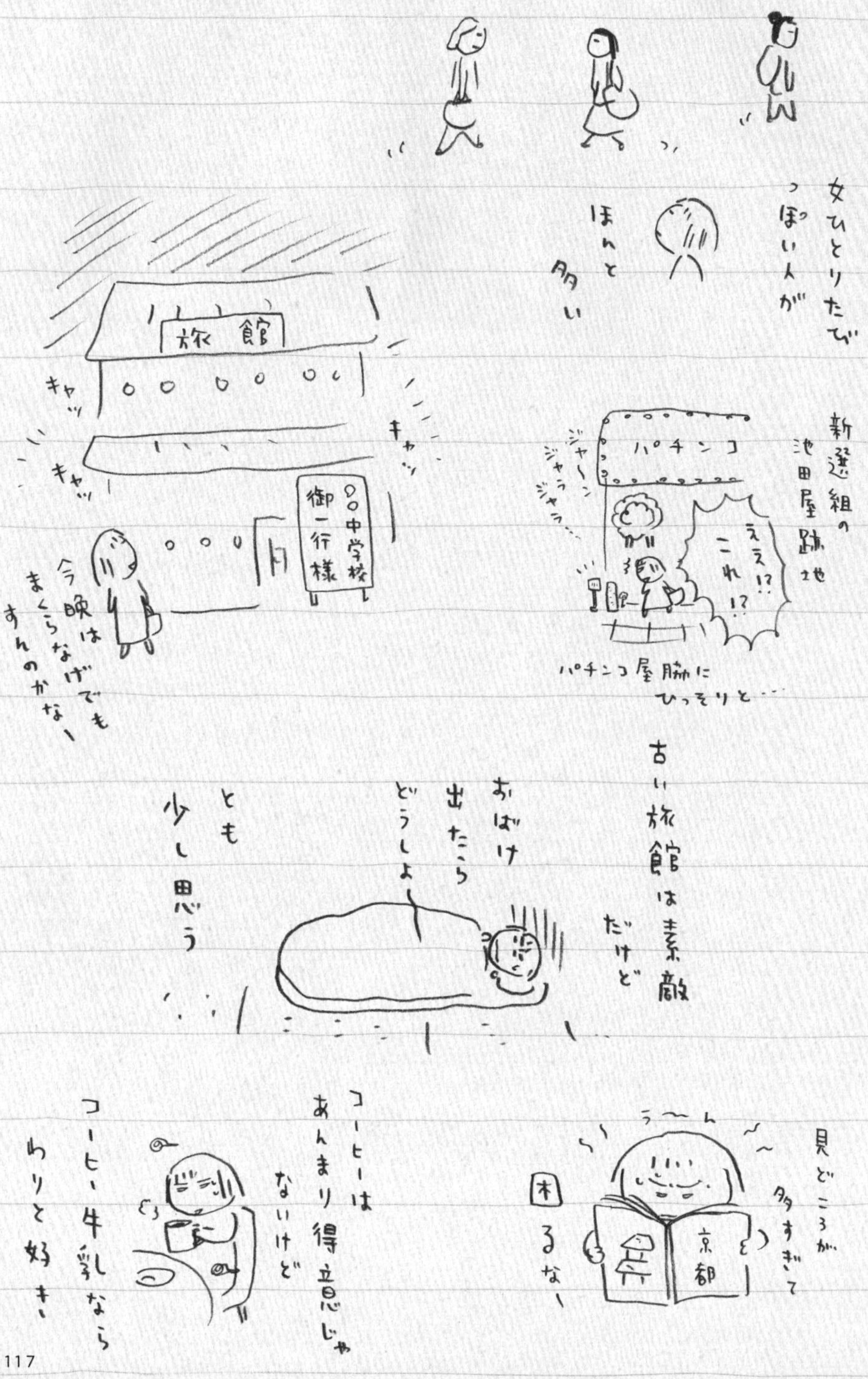
女ひとりたびっぽい人が
ほんと多い
新選組の池田屋跡地
パチンコ
ジャ〜ン
ジャラジャラ…
ええ!?
これ!?
パチンコ屋脇にひっそりと…
旅館
キャッ
キャッ
キャッ
〇〇中学校御一行様
今晩はまくらなげでもすんのかな〜
古い旅館は素敵
だけど
おばけ出たらどうしよ〜
とも少し思う
見どころが多すぎて
困るな〜
う〜ん
京都
コーヒーはあんまり得意じゃないけど
コーヒー牛乳ならわりと好き

京都まとめ

どちらさんどすか？
なおこどすー

京都は暑い、というううわさは聞いてたのですが、いやはや本当に暑かった…。
そしてさすがに見どころがいっぱいで、優柔不断な私はどこに行っていいのか迷って大変でした。きっと一度にいっぱいまわるより、ちょっとずつ何度も訪れるのが向いているところなんだろうなぁ〜。
今回は「大人っぽく、女らしく」などといきごみすぎて晩ごはんにも失敗…。次回行くときはあまり肩肘はらず、もうちょっとのんびりと京観光したいなぁ〜と思います。紅葉の季節にも行ってみたいなぁ…（観光客多そうですが）。
ひとりたび風の女性はとっても多く、その点では旅しやすかったです。

わらびもちやの
砂糖入れ。
かわいい

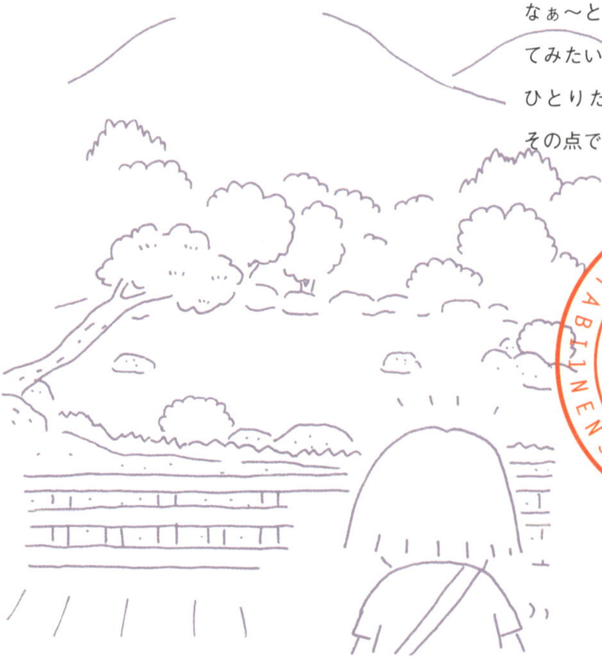

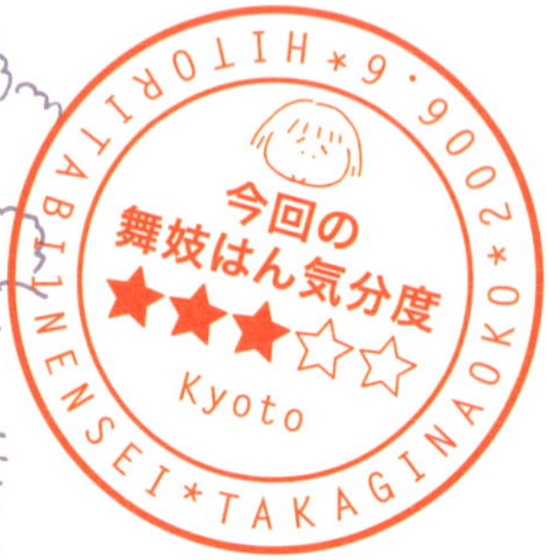

➡DATA
舞妓変身処 舞香●閉店しました
田舎亭●京都市東山区祇園下河原石塀小路463　http://www.inakatei.com/
恵文社一乗寺店●京都市左京区一乗寺払殿町10　http://www.keibunsha-books.com/

ぶらり
ふるさと紀行

三重編

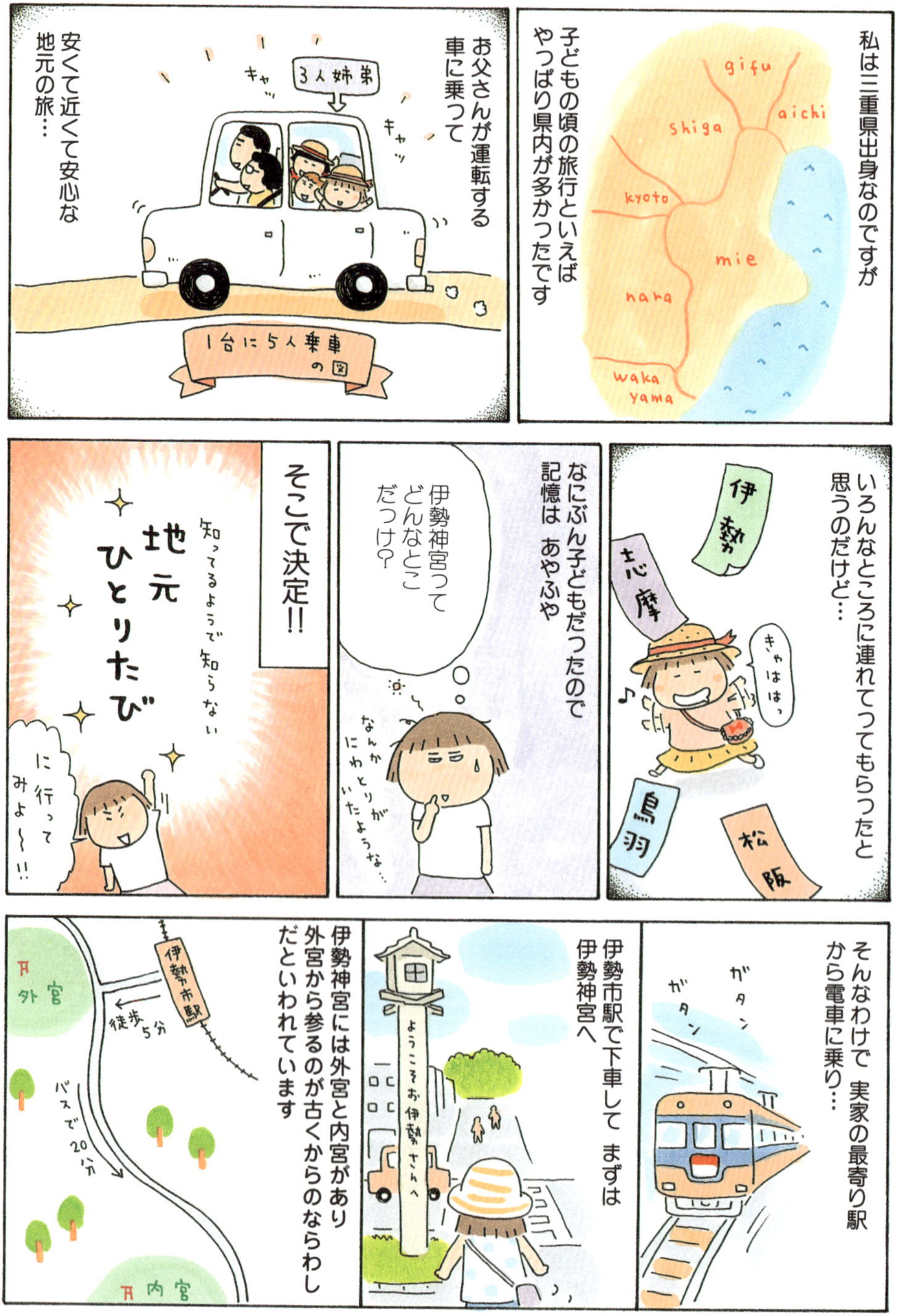
私は三重県出身なのですが
子どもの頃の旅行といえば やっぱり県内が多かったです
gifu
aichi
shiga
kyoto
mie
nara
waka yama
お父さんが運転する車に乗って
3人姉弟
キャッ
キャッ
安くて近くて安心な地元の旅…
1台に5人乗車の図
いろんなところに連れてってもらったと思うのだけど…
伊勢
志摩
きゃははっ
鳥羽
松阪
なにぶん子どもだったので記憶は あやふや
伊勢神宮ってどんなとこだっけ?
なんかにわとりがいたような…
そこで決定!!
知ってるようで知らない
地元ひとりたび
に行ってみよ～!!
そんなわけで 実家の最寄り駅から電車に乗り…
ガタン
ガタン
伊勢市駅で下車して まずは伊勢神宮へ
ようこそお伊勢さんへ
伊勢神宮には外宮と内宮があり外宮から参るのが古くからのならわしだといわれています
伊勢市駅
外宮
徒歩5分
バスで20分
内宮

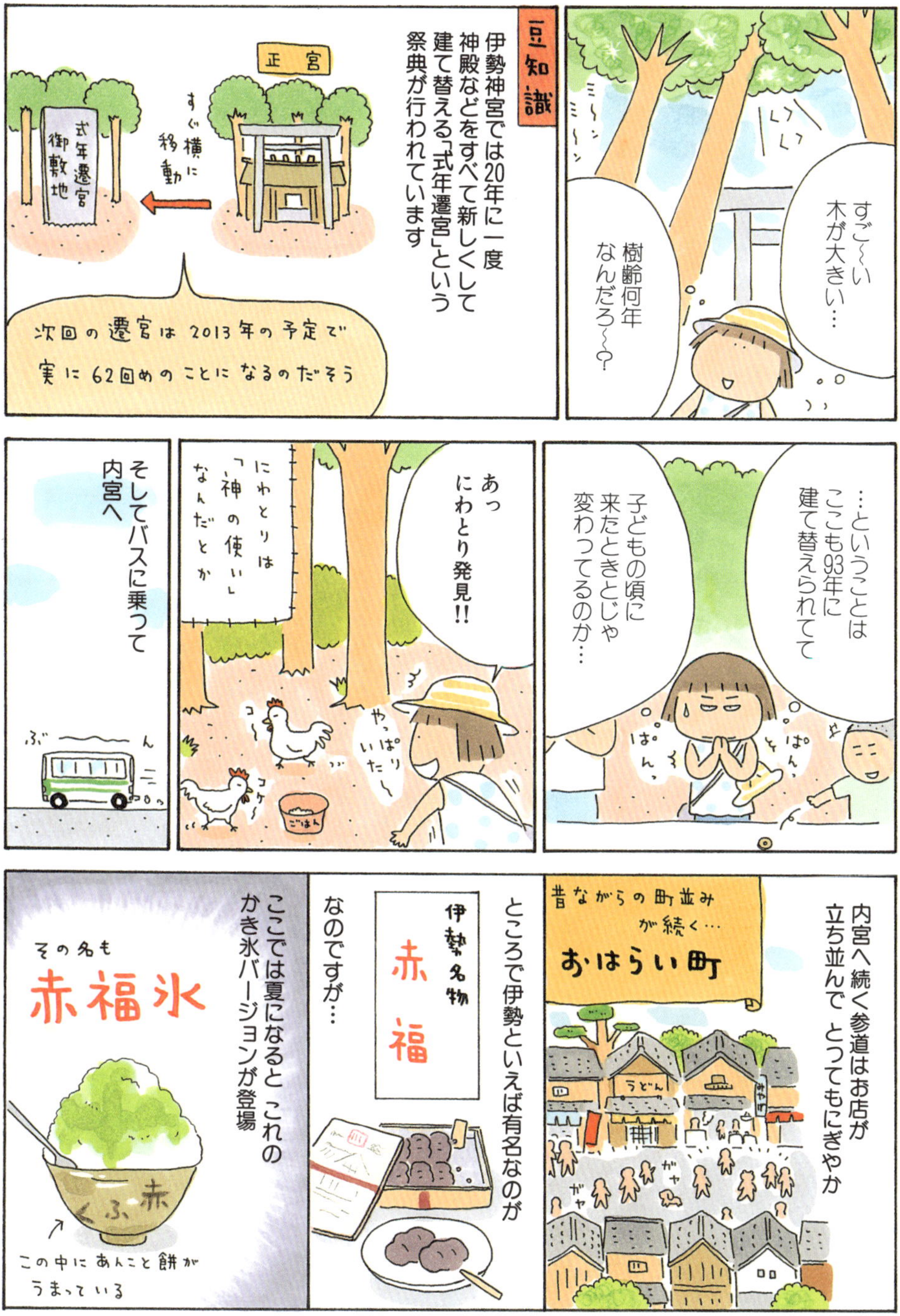
ミ～ン
ミ～ン
すご～い
木が大きい…
樹齢何年なんだろ～～？
豆知識
伊勢神宮では20年に一度
神殿などをすべて新しくして
建て替える「式年遷宮」という
祭典が行われています
正宮
すぐ横に移動
式年遷宮御敷地
次回の遷宮は2013年の予定で
実に62回めのことになるのだそう
…ということは
ここも93年に
建て替えられてて
子どもの頃に
来たときとじゃ
変わってるのか…
ぱん、
ぱん、
あっ
にわとり発見!!
やっぱりいた～
にわとりは「神の使い」なんだとか
コ～
コケ～
ごはん
そしてバスに乗って
内宮へ
ぶ――ん
内宮へ続く参道はお店が
立ち並んで とってもにぎやか
昔ながらの町並みが続く…
おはらい町
うどん
ガヤ
ガヤ
ところで伊勢といえば有名なのが
伊勢名物
赤福
なのですが…
ここでは夏になると これの
かき氷バージョンが登場
その名も
赤福氷
赤ふく
この中にあんこと餅が
うまっている

子どもの頃 これを食べて強烈においしかった記憶があり…
おいしい…
家族全員大感動
今回そんな赤福氷を食べるのが旅の目的のひとつ
おはらい町に赤福本店がある
赤福
創業
宝永四年
えへへ…
あったあった
赤福氷をひとつ
はい
赤福氷
わくわく
22番のお客様~
く~~っやっぱり記憶どおりおいしい~~!!
ガヤガヤ
あんこがたまらん
なあこっちにけえへん?
そうやな~
ショリショリ
ん?
ふと気付けば あたりまえだけど まわりは三重なまりの人が多い
お土産赤福でええよな
……
ええんちゃう?
ずず
なにしとんや~
あれ~お父さんおらへん
ここやっ
日本各地に旅に行くと それぞれその地方のなまりがあっておもしろいなあ~と思うのですが…
福岡
そうじゃけん
知っとると~っ?
岩手
ほんでまんず
よう来なさった~
京都
おおきにどす
またおこしやす~
↑各方言、適当です。すみません…
そうかっ ここでは自分はネイティブなんだ!!
…と ちょっと感動
生まれも育ちも三重
ふう~ 赤福氷食べたばっかやけどそろそろお昼も食べよっけ~?
というわけで ここからは三重弁バージョンでお送りします

昼食には これまた伊勢名物の
伊勢うどんを食べて…
七味
もちっとした太麺に甘辛いタレがかかっている
いざ内宮へ
右側通行
あ～この光景は
なんか見おぼえ
あんな～
境内に入ると ここも
にわとりがいっぱい
コケコッコ～
コケ～
わぁ～
怖がる子ども達
まずは川のせせらぎで
手を清めてから…
御手洗場
冷たくて気持ちい～
バシャ
バシャ
内宮正宮を参拝
ここも外宮と同じく20年に一度建て替えられます
ミ～ン
ミ～ン
ミ～ン
ふ～っ
思えば子どもの頃ってこういう
神社参拝なんて あんまり
楽しいことでもなかったのだけど…
こらっ!!
神社なんていやや～
え～ん
もう帰る～
最近ではしみじみいいなあ～と
思ったり
なんか空気が
神聖なんよ
なあ…
ミ～ン
ミ～ン
心が清らかに
なる感じ…
すぅ
わかったフリ

参拝のあと 電車で
二見浦に移動
伊勢市
二見浦
この近くの海には
有名な「夫婦岩」が
あります
ほらよく
1月のカレンダーの
写真に使われ
てるやつ
1月
ざっぱーん
実は私 三重県出身ながら
見るのは生まれて初めて
見物人
いっぱい
なんやら
思っとったより
ちっちゃいな…
そして今日はこの近くの宿に
お泊まり
まずはお風呂に入ってさっぱり
はあ〜
ところで東京で「三重出身」と
いうと…
三重県といえば
松阪牛
だよね〜
地元だと家で
フツ〜に食べて
たりするの〜?
いいな〜
と言われたりするのですが
そんな高級品
ほとんど食べたこと
ないんですよ…
家族旅行の途中
松阪牛のレストラン
に寄って…
松阪牛
ハウス
MENU
お昼
ここに
しよか〜
わい
わい
ひぃー
父
あまりの高さに
逃げ帰った
思い出…
松阪牛
ハウス
どぴゅーんっ

そんなこんなで今日の宿の夕食は
ちょっとフンパツして松阪牛付き
コースにしてみました
ささやかですが
松阪牛
だよ〜
じゅう〜
こうして松阪牛をつまみに
風呂あがりのビールをいただき…
ガヤ
ガヤ
ガヤ
ガヤ
うへ…
うへへ…
うへへへ…
じゅう
じゅう
海の幸もあり
気持ちよく就寝
ぐほ〜
そして次の日…
ざーん
突然ですがここで思い出…
家族旅行で伊勢方面に
向かっているとき よく見かける
看板がありました
それは…
んっ?
ガタ
ガタ
こんなの(うろおぼえ)
元祖国際
秘宝館
あと7km
数メートルおきに
いくつもある
きゃはは
あの看板
へんなの〜
なんやあれ
"ひほーかん"って
読むんかなあ?
なあなあ
お父さん
ひほーかんって
なに〜?
キャッ
キャッ
しかし父は
教えてくれませんでした
……
おもしょい
とこなん〜?
あっまた
あった〜
20歳くらいになってようやく
その意味を知った私…
ええーっ!?
秘宝館ってのは…
友達

※元祖国際秘宝館は、2007年に閉館しました

ここは世界で初めて真珠養殖に成功した島で現在は真珠についていろいろ学べる観光施設となってます
養殖真珠の作り方の説明
…
貝が開いているあいだに真珠の元となる核を埋め込む
真珠の種類
ピンク
ブラック
ホワイト
ブルー
ゴールド
超一級品のできる割合
下にいくほど二級品
ちょっぴり
真珠工芸品
真珠796個使用
ほんとにあった…
海女の実演ショー
パチパチ
パチパチ
クイズコーナー
Q.本物はどっち？（答えはこのウラ）
A
B
ん？
ん〜〜〜〜…………B……かな？
じ〜
パカッ
正解
A 本物
B 模造品
がくっ
こうして自分の見る目のなさも判明
施設内には真珠製品が買えるショップもあり
私も大人の女としてここいらでひとつ真珠なんて買ってみようっけ？
いらっしゃいませ〜
しかし普段アクセサリーすらめったに買わない私
あ…あかんきらびやかすぎるっ!!
うおうっ
びびって買えず
しかしながらここ すごくおもしろかったです
本も買っちゃった
真珠王ものがたり
うどん屋の息子御木本幸吉さんが真珠王になるまでをつづった本

それから鳥羽駅近くの食堂で
遅めのお昼ごはん
郷土料理
手こね寿司
しょうゆにつけ込んだ カツオ等の刺し身がのっている
ビール
なんだか昔来たことあるとこに
大人になってからあらためて
ひとりで来るのって
伊勢エビ
焼きサザエ
あわびステーキ
地ダコ
おいしー
もぐもぐ
もぐもぐ
なつかしいような
新鮮なような
へんてこな気分だな〜と思う
子どもの頃は
ビールを飲む
って楽しみも
知らんかったし
さあ〜
生うに
造り
ごくごく
考えてみれば親も
けっこうがんばっていろんなとこに
連れてってくれたんだよなあ〜と
ありがたく思ってみたり…
キャッ
キャッ
子ども3人も
連れて歩くのは
大変やったろうに…
そのあと お土産屋を
ぶらぶら
干物
海草
えびせんべい
サザエ
およ?
ラブリー くびかざり
おもちゃの真珠
¥500
わあっ
これ
なつかしい〜
ふふふ…こんなの
だだこねて買って
もらったことあった
よなあ〜
……
ほしい
ほしい
え〜ん
ほくほく
りんご付き
そこで やっぱりなにか
真珠を買おうかな〜と
思い直し…
おみやげ
パールのお店
いらっしゃいませ〜

がんばって真珠のネックレスを買ってみました
といっても「淡水パール」という種類のお手頃なやつ
¥2600
安くてすみません…
そして今日は実家に帰るので親にもお土産を買って…
やっぱこれ
伊勢名物 ほまれの 赤福
赤福
帰路につくことに
ガタン ガタン
地元の旅は家に帰るのも近くてええね〜
安くて近くて安心!!
ところがそんな地元の旅にも思わぬ落とし穴が…
うわあ〜電車に乗ったとたんすごい雨…
ザ
降られなくてよかった…
しばらく進んだところで雨はさらにひどくなり…
ピカッ
ゴロゴロ…
ひえぇ〜
ついに電車は運行ストップ
↑落雷で信号が故障したらしい…
こうしてそのまま4時間も立ち往生をくらい…
ぐすん…もう雨やんだのに〜
早く帰りたい
結局 家に帰りついたのは予定よりもはるかに遅れて夜10時でした
えらい遅かったな〜
天ぷら残っとるけど食べる?
ふぇ〜〜やっと帰ってこれた〜
へろ へろ
最寄り駅まで迎えにきてもらった
赤福
こういうとき待っててくれる人がいるとやっぱりいいですね〜

たびメモ
出かけるとき…
ひとりで行くんか？
なんやったらお父さん一緒に行ったってもええけど…
へ？
内宮近くで売られていたきゅうりスティック
¥100
きゅうり
なぜか大人気
わいわい
つられて買った
尾が長いのもいる
コケ～
もっとでかい松阪牛食べたい
ど～ん
内宮さいせん箱前にて
やだ～小銭2円しかない～
あははせこすぎ～
ぷ
しかし自分も…
ひえぇし
2円しかない

ファ〜
セイウチ
鼻でハーモニカ吹く
ラッコ
なんかうちの犬に似ている
チビッ
セイウチがこんなにかわいいとは…
きゅ〜ん
お土産に買った赤福
8コ入り
大好物
母
父
2人で完食
食べれず
アワビの踊り焼きにもあこがれている
じゅ〜
いろいろおいしいもの食べてきたけどお母さんの天ぷらもかなりうまい…
う〜ん…
みそしるもあんでー
好みの味付け…
海女さん
本当は今はダイビングスーツ着てるそう

三重まとめ

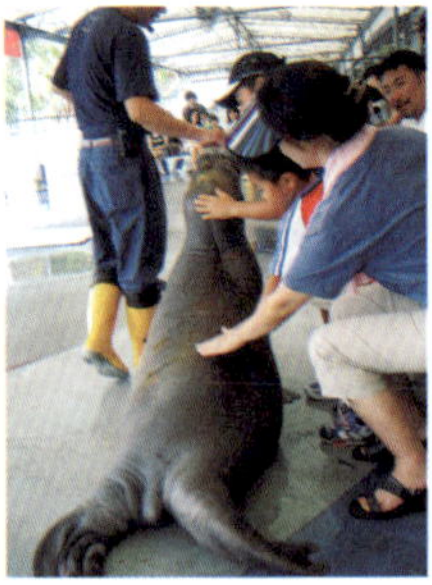

セイウチ・ファン
クラブに入会希望

夏の帰省ついでに行った三重ひとりたび。

東京で三重県について聞かれても、けっこう知らないことが多くて「あわわ…」となるので、地元を知るという意味でも、いろいろ勉強になってよかったです。あらためて行ってみると「地元もいいところじゃん」と、ちょっと誇りに思ってみたり、子どもの頃を思い出してノスタルジックな気持ちになってみたり…。

全体的にゆるめでお気楽な旅でしたが、せっかく東京から帰ってきたのに「ひとりたびに行く」という娘に、両親はちょっぴりさみしそうだった気がしなくもないです。

伊勢神宮にたくさんいるにわとり。屋根の上には乗りません

➡DATA
伊勢神宮●三重県伊勢市宇治館町1　https://www.isejingu.or.jp/
赤福本店●三重県伊勢市宇治中之切町26　https://www.akafuku.co.jp/
鳥羽水族館●三重県鳥羽市鳥羽3-3-6　https://aquarium.co.jp/
ミキモト真珠島●三重県鳥羽市鳥羽1-7-1　https://www.mikimoto-pearl-island.jp/

ひとりたび中
写真はよく撮るの
だけど…
デジカメ
自分が写ってるのは
ほとんどない
たまにセルフタイマーに
して自分を撮ったりも
するのだけど…
よし…
このあたり
かな？
テレビ
そういうときは
ちょっと照れくさいので…
ピピッ
ひゅ〜
わざとバカっぽい
ポーズをしてます

旅でみつけた なごみ景色

旅のおもひで 写真館

大沢温泉

湯治宿のロビー

しんしん…

大沢温泉

かっこいい銀行♡

どーーんっ

岩手銀行中ノ橋支店

こんな庭がほしい…

建仁寺

清水寺

ここから飛び降りて…

中州

都会だな〜

咲いてない…

太宰府「飛梅」

赤福本店

赤福くれ〜

夫婦です♡

二見浦「夫婦岩」

伊勢神宮

歴史を感じます

ミーン ミーン…

田舎亭

有名人も泊まった部屋だとか

旅でみつけた うまいモノ

宇都宮

食べかけて…
おっと写真

ほわ〜ん

鎌倉

三重

シンプルな味わい

屋台の味

博多

京都

とろろ〜ん

ぱりっと
こんがり

博多

こってり

博多

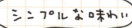

旅のおもひで
写真館

沖縄

オリオンビール
LOVE♡

沖縄

沖縄

ちょっぴり…

三重

沖縄

味見3回しました

京都

とろける
やわらかさ…

京都

理想的朝ごはんの図

三重

あんこだよ〜

旅でみつけた変なモノ

☞三重

お手紙まってまーす

リンリーン♪

☞三重

わんわんっ!!

☞盛岡

がおーっ

☞長野善光寺

……

☞沖縄

雪国ですなー

☞盛岡

旅のおもひで写真館

鎌倉

カンガルーよ♡

はにわで〜す

福岡

お…
おもい…

日光

赤福の
赤太郎
です

三重

ぬけがら

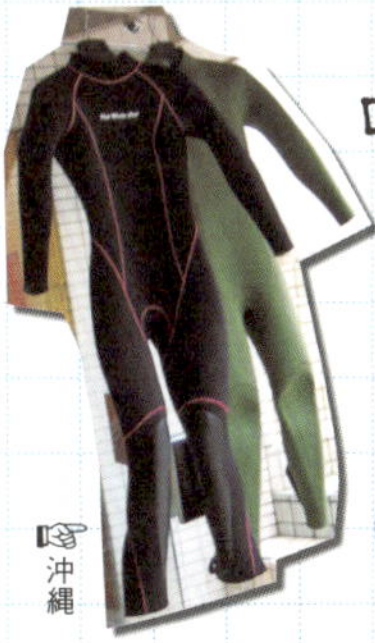

沖縄

うふふ…

三重

なぜベアー？

きもかわいい
ポストカード

福岡

あとがき

こんな感じで1年間、いろんなところにひとりたびに行ってみました。さいしょのほうはひとりで乗り物に乗ったり、宿に泊まったりするだけでもドキドキしてましたが、それはおかげさまでだいぶ慣れてきました。「ひとりでさみし〜」と思われてないかというまわりの目はやっぱりまだ気になってしまうのですが、そういうのはひとりで行っても気にならない観光スポットやお店を選ぶコツというのがだんだんわかってきたし、まあ多少は「ひとりでも別にいいじゃん」と、開き直れるようにもなりました。

そしてそれよりもわかってきたのは、自分の性格です。

私は優柔不断で、あまり自分の意見が言えないため、何人かで旅行をしているとよく「どっちでもいいよ〜」とか「なんでもいい〜」「好きなほうに決めて〜」などなど、人まかせにしてしまうクセ、というのがありました。でも自分ひとりとなると、全部自分で決めなきゃいけない…。そういうときに自分なりによく考え、その後の自分の行動をよくよく見てみると、だんだん自分の好みとか、行動パターンなんかが見えてくるのです。

ひとりたびをはじめた頃は「これ、ひとりでできるかな」というチャレンジ精神のような気持ちが大きかったですが、だんだん自分の性格や好みがわかってくると、旅のプランを練るときにも、「自分って意外とこういうとこ好きだよね〜」とか「こういうとこは行っても疲れちゃうだけだからやめておこう」とか「たまには思いきってこういう経験もさせてみよう」などなど、甘くも辛くも自分をもてなす、「自分トラベル会社」のような気持ちになってきました。こういう風に旅プランを練るのは、けっこう楽しい作業です。

ひとりたびの楽しみ方は人それぞれ違うだろうし、私ももっとひとりたびに慣れたら、こういう旅もしてみたいなぁ〜という野望はあります。もっと現地の人達と仲良くなれたらいいなぁ〜とも思うし、もっとリッチホテルに滞在して、ただただぼけ〜っと過ごしてみるのもいいかも…なんて思ったり。

でも人見知りな性格はなかなか直らないし、ひとりでいいホテルに泊まるのもびびっちゃってダメなんですが、まあいつかはそんな旅もできたらいいなぁ〜と思いつつ、これからもふらりふらりとひとりたびを続けていけたらいいなぁ〜と思います。

最後に、こんなへっぽこな私のひとりたび記を読んでくださった方、旅先でお世話になった方々、本当にどうもありがとうございました。

２００６年秋

たかぎなおこ

ひとりたび中
ちょっと心細くなったとき
キャッ
キャッ
キャッ
キャッ
……
ポツ〜ン
同じような
ひとりたびの女の人を
見かけると…
キャッ
キャッ
ガイドブック
あっ
あはは…
ちょっとうれしい
えへへ…
仲間だ
仲間だ〜
チャオ〜
むこうも
あの人も
ひとり
たび…
ふふっ
とか思ってくれてたら
いいなあ…

あれから18年たちまして

新装版 描き下ろし

そして時は流れ…
この『ひとりたび1年生』が出版されてからなんと18年たちまして
現在 2024年秋
このたび新装版を出してもらえることになりました!!
2006年発売
ひとりたび 1年生
たかぎなおこ
50歳になりました
その後の私の生活は40歳を過ぎてから結婚&出産
ただいま 4人暮らし
夫
夫の母
娘
小学生の娘と会社勤めの夫がいる現在…
ほらっ髪結ぶから座って!!
あっお弁当持ってって!!
〜♫
小2
思えば当時はなんて自由に旅に出ていたことでしょう
気ままなひとり暮らし
いってきまーす
フリーイラストレーター
いまは平日に旅行なんて無理だな〜
わ〜そういやこんなところにも行ったなぁ〜
いいな〜
なつかしい〜
ひとりたび 1年生
久しぶりに当時を少し振り返ってみたいと思います

このひとりたびシリーズは『リラックスじゃらん』という旅行雑誌で連載されてたのですが…
月1回発売
リラックス じゃらん
行ってみたい温泉地ベスト50
アクティブ じゃらん
ドライブへGO!!
途中でこっちにお引っ越し
初めに連載のお話をいただいたとき…
えっ!!
ひ…っ ひとりたび!?
31歳のなおこ
そっ そんな連載無理ですよ!!
あはは
ひとりたびなんてしたこともないし怖いし!!
じゃらんの担当さん
メディアファクトリー(現KADOKAWA)の担当さん
だいたい旅漫画ってのはもっとこう陽気でフレンドリーで旅好きの人が描くものでは…!!
みんな友達
ハーイ!!
私なんて気は弱いし人見知りだし方向音痴だし～
絶対できない～
…う～ん でもさぁ～
そういう旅慣れない人が旅に出てみる漫画もおもしろいんじゃない？

旅好きな人の旅本なら
多いけど気が弱い人の
旅本なんてなかなかない
でしょ
あはは~
わい
わい
…
たしかに~
でもそういう本のが
読んでみたいかも
ひとりたびに出る勇気
がないって読者さんも
行ってみようかなと思える
かもしれないし
ってな話になって…
まったく自信がないまま連載が
スタートしたのですが…
え~っと…
MAP
なんとその後 旅連載は
5年以上続きまして…
ひ~
わ~
ぼ~
!!
5冊の単行本にもなりました
ひとりたび1年生
たかぎなおこ
ひとりたび2年生
たかぎなおこ
ローカル線で温泉ひとりたび
たかぎなおこ
愛しのローカルごはん旅
たかぎなおこ
愛しのローカルごはん旅 もう一杯!
たかぎなおこ
本を読んで旅に出てみたという
お便りもたくさんいただいて
うれしかったです
なおこ
AIR MAIL
本と同じところに
行ってみました。
ランチも同じお店に
入って同じメニューを
注文
私も勇気を出して
初めてのひとりたびに
行ってみました!!
ドキドキしたけど
写真も送ってくれたり

各旅も少し振り返ってみたいと思います
日光駅
まずひとりたび練習として行った日光鬼怒川編
1泊目は友人と3人でと描いてますが実は心配してついてきてくれたじゃらんとメディアファクトリーの担当さん達です
1日目
旅行雑誌編集者も一緒の安心の旅
ゆば
ここ入りましょ～
2日目
で…では～
あのときのたかぎさんの不安そうな顔が忘れられない（担当さん談）
やー あのときはひとりでどこ観光したらいいのかさっぱりわからなかったな～
はは…
ひとりたび1年生
でも結局ひとりでライン下りに参加だなんてしょっぱなからけっこう思い切ったことをしたような…
あの人をお母さんだと思って～
あのときのお母さん元気かな～
その後日光鬼怒川も宇都宮も何度か再訪したことがあるのですが…
ひとりたびでは立ち寄らなかった日光江戸村へは家族で行って娘が大はりきり!!
子ども侍体験
お見事!!
わー
や～!!
パンッ
当時うしろ髪ひかれながらも入らなかった宇都宮の餃子屋さんはさらにその次行ったときにはもう見つけられませんでした
移転したのかなくなっちゃったのか…
ひゅ～
なのでやはり気になったものはそのときに行っておくほうがいいですね

そして初めて全行程ひとりで行ってみた鎌倉編
キョロ
キョロ
かまくら
MAP
びろ〜ん
当時といまの違いで大きいな〜と思うのはスマホがまだなかったこと!!
ガイドブック
2005〜06
MAP
最新スポット
バス路線図
○○駅 時刻表(平日用)
上り
下り
道に迷ったときのためにいろいろ持ち歩いてたし…
それでも迷ってたけど
お店情報なんかもその場では検索できないのでドキドキ
怖いお店だったらどうしよう〜〜
お食事処
うろ
うろ
?
読んでいて夜ごはんはどうしたの?と思ったりしませんでしたか?
そういえば!!
お昼は玉子焼きだったけど
ひとりたび1年生
実は夜はなかなかお店に入れなくてうろうろしたあげく某バーガーショップで食べたんです
なんとかBURGER
夜は昼よりもさらにお店に入るのに勇気がいった
もぐ
もぐ
ファストフードで済ませたと描くのが恥ずかしかったのとページ数も足りなかったのとではしょっちゃいました
はっはっは〜

そして宿坊に泊まった長野善光寺編
この旅もけっこう緊張したな〜
平日に行ったこともあってか宿泊者の年齢が高めだったし…
わい
わい
いちばん若い
お寺もあんなにちゃんと参ったのは初めてのこと
なんまいだ〜
なんまいだ〜
足がしびれてきた〜
でもその後お寺や神社にだんだん興味を持つきっかけの旅にもなりました
いまくらいの年齢でもう一度行ってみるのもいいな…
もっとしっくりくるかも
そして雪がどんどん降ってきた花巻温泉編ですが…
ぴゅ〜
ここはひとりたびの中でもすごく印象に残ってます
あまり雪になじみがないので雪国っぽい体験もよかったし…
わー
大沢温泉

ノスタルジックな宿の雰囲気も
すごくよかった
ぼ〜
行ったときは湯治のシステムがいまいちわかってなかったのですが1カ月くらい長期滞在して温泉療養する人もいるんですね
なのでお米など食材をいろいろ持ってきたり…
My布団
布団を持ち込む人も
いつか自分もどっぷりと湯治体験してみたいですが…
は〜
憧れの温泉暮らし
まあいまの生活じゃ長期滞在は難しいよね〜
ごろ〜ん
娘が独り立ちした頃　夫婦で行ってみるのもいいかもしれません
そして東京から深夜バスで行った博多編
HAKATA
ブーーン
博多はとってもにぎやかで人もお店も多く…
ガヤ
ガヤ
ガヤ
ひ〜
BEER
ラーメン
特に夜の街はドッキドキ

私は入るお店を決めるのをかなり迷うタイプなので選択肢が多いと大変
どうしよう… いっぱいありすぎて どこに入れば…
うう…
でも大宰府にいっぱいあった梅ヶ枝餅のお店のどこで買うかを迷ったのはなんか楽しかったです
梅ヶ枝餅だらけ!!
梅ヶ枝餅
梅ヶ枝餅
梅ヶ枝餅
梅ヶ枝餅
梅ヶ枝
名物
梅ヶ枝餅 おいしい〜!!
そして自分でもよくがんばったな〜と思うダイビング沖縄編
私も行って すごくよかったので 是非〜
これはじゃらんの担当さんのオススメもあって行ってみたのですが…
初めてのダイビングは覚えることがいっぱいだし器材は重いし…
ずっしり
タ… タンクが 重い…
がんばって〜
海に入ったあとはもう頭も体もくったくた!!
さらに夜の勉強もあって なかなかにハード…
うう… 明日は 試験が〜
ぐ〜
でもまだ若かったあの頃じゃなきゃ できなかったかもしれないし…
海の中を飛んでるような あの感覚もおもしろかったなぁ〜

合格点ギリギリながらも無事取得できたCカードを使ってその後石垣島の海でファンダイビングにも挑戦しました
そのもようは続刊の『ひとりたび2年生』に収録
ひとりたび 2年生
たかぎなおこ
階段途中の出窓
このとき買って帰ったシーサーはいまでも家に飾ってます
そして京都編!! 京都はやはり見どころもおしゃれスポットも多いし…
はんなり…
女性が大人っぽくひとりたびするのにぴったりのところだと思いました
ガヤ ガヤ
う～ん…
うろ うろ
こんにちは
びくっ
ちっとも大人っぽくなれなかったけど
小学校の修学旅行が20年前ってのに驚いてるけど全然たいしたことないじゃん
こちとらもうすぐ40年前になるぞ
や～時の流れってすごいですね
ひとりたび1年生
チーズおかき
ちなみにコーヒーはその後練習してだいぶ飲めるようになりました
アメリカンひとつ
頼むのはアメリカンが多いけど

最後に知ってるようで知らなかった地元旅の三重編ですが…
赤福
ふ 赤
最近は三重旅行をする機会も増えました
もう旅行に行くのも疲れるわ〜
行くなら近いところがええな〜
それは両親が高齢になってあまり遠出をしたがらなくなってきたこともあって…
年末年始や夏休みなどに帰省したとき…
ゴォ〜〜〜
みんなでよく三重旅行をするようになったからです
わーい海〜!!
鳥羽・志摩・伊勢など
ざーん!!
伊勢うどんはやわらかくて食べやすいな〜
ええ味しとる
歯も弱った
年々…
こんな感じで地元旅が増えたという方もいらっしゃらないですか？
でも松阪牛のお店にはまだ行けてません
松阪牛レストラン
ビフテキ
すき焼き
うう…いつか必ず〜
レンタカー
ブーン

…まあよく
いろんなところに
行ったよな～
パタンッ
いまでもテレビで行ったところが
出てくるとうれしいし…
こちらは
栃木県の～
あっ!!
鬼怒川温泉の
ライン下り!!
ママこれに
乗ったことある!!
クイズ番組の観光地問題
なんかもわりと得意
太宰府
名物の～
知ってる!!
ここも
行った!!
梅ケ枝餅!!
Q.これは何?
ママはいろんな
ところに行った
ことがあって
すごいな～
いいな～
えっへん!!
自慢
旅行計画を練るときも
過去の経験がけっこう
役に立つし…
むーちゃんにも
あの景色見せて
あげたいな～
キャー
おつぐやん
あの味絶対
好きだよね～
トラベル
ひとりたびの思い出は
自分の中で財産に
なってる気がします
あそこも
また行き
たい～

ドキドキしながら出かけてみて…
キョロ
キョロ
MAP
ひとりでも行けたぞとうれしくなって…
～♪
そんな思い出があちこちでキラキラ…
まだ行ったことがないところにも行ってみたいな…
は～
今日現在まだまだ健康で元気だし!!
急に体操!!
もっと国外に飛び出したっていいんだし!!
フンッ
フンッ
フンッ!!
フンッ!!
今後も楽しい旅がたくさんできるといいですね

新装版あとがき

2005年～2006年にかけて私が旅をした『ひとりたび1年生』の新装版、初めて読んでみたという方も、再び読んでみたという方も、お手に取っていただきどうもありがとうございます。

本の冒頭にも断り書きが入ってますが、漫画の中の価格やお店情報などは、当時のままになってます。現在は値上がりしてたり、残念ながらなくなってしまったお店もありますが、その当時の旅行記として読んでいただけたらと思います。

私も久しぶりにこの本を読み返してみたらもう忘れかけてることもあって、ああこんな感じだったなぁ～となつかしくも新鮮でした。自分につっ込みたいところもいっぱいあって、よく道に迷うなぁとか、天気運悪くない？　とか、旅先で古着屋に行くの好きだねぇとか(笑)。

そして気が弱いくせに昼間っからビール飲んだり、つい寝てしまって遅い時間に出歩いたりしすぎですね！　このあたり今だったらもうちょっと気をつけるかな、と思います。昼間はノンアルビールにしたり（最近は飲むとすぐだるくなるので）知らない街での夜ごはんはもう少し早い時間に済ませたり。でもなんだかんだびびりながらガンガン出歩いたり、いろんなことにチャレンジしたり、遠いところにも行ったりして、やはりあの頃は今より体力あるよなぁ～と思ったりもします。

あと漫画の作風的に言えば、今より言葉遣いがちょっと悪いですね(汗)。その後いろんな経験や年齢を重ねていくうちに、こんな言い方は失礼かなとかだんだん気にするようになって、現在はもう少しソフトになってるかと思います。それと絵もめっちゃゆるいですね～～～。まあいまもゆるめなのですが、それでも読み返してると背景雑だなぁとか、食べ物の絵もこれじゃ小さすぎてわからないじゃんとかいろいろ直したくなってしまいます。でも、これも手を入れず当時のままにしました。どうぞご了承ください。

だけど、当時の自由な感じもけっこういいなぁとも思うのです。思ったことを素直につぶやいてるのが「おもしろい」と言ってもらえたりしたし、ゆるゆるな絵でも読者さんにはちゃんと伝わってたのかな…？　いつの間にかだんだんこういう風には描けなくなってしまってる自分もいるので、少しうらやましいような気持ちにもなります。なにを考えて描いてたんだったかもうよく覚えてないけど、いっぱいいっぱいになって一生懸命描いてたかとは思います。

・・・と長くなってしまいましたが、他にも現在手に入りにくくなってる本がありまして、今後も何冊か新装版が出る予定です。そのたびになにかちょこっと描き下ろしが入るかと思いますので、またよかったらどうぞよろしくお願いいたします。

２０２４年10月　たかぎなおこ

花巻の大沢温泉のまくら10円もいまはいくらなんだろう〜と思って調べたら11円になってました
2024年現在
ぎゅっ…
11円でもまだまだかわいい〜♥

たかぎなおこのコミックエッセイ

旅シリーズ

新装版 たかぎなおこライブラリー ひとりたび1年生 2024年

道に迷ってオロオロしたり、人に話しかけられてアワアワしたり。そんなひとりたび初心者が描く、ほのぼの旅エッセイ。2006年初版作品に描き下ろしを追加。

ひとりたび2年生 2007年

旅シリーズ第2弾は列車泊、船泊、断食泊に挑戦！描き下ろしでは石垣島２週間ステイのじっくり旅もご紹介しています。１年生の頃より少～しだけ進歩した旅の様子をお楽しみください。

愛しのローカルごはん旅 2008年

旅シリーズ第３弾は、静岡「富士宮やきそば」、名古屋「喫茶店のモーニング」など、９都府県の43グルメを完食！ 観光案内とMAPもついて満足度100％！

ローカル線で温泉ひとりたび 2010年

旅シリーズ第４弾は、全国各地のローカル線に乗って道後温泉や修善寺温泉、下呂温泉など18の秘湯・名湯をまわります。グルメやおいしいビールも！

愛しのローカルごはん旅もう一杯！ 2011年

旅シリーズ第5弾は、高知「カツオの塩たたき」、鹿児島「白くま」など８県48のご当地グルメを堪のう。特別編「台湾まんぷくツアー」も収録！

アジアで花咲け！なでしこたち 2012年

ベトナム、カンボジア、中国、東ティモールでたくましく働く日本人女性を訪問！NHKドキュメンタリー『アジアで花咲け!なでしこたち』の書籍化。

アジアで花咲け！なでしこたち② 2013年

第2弾の舞台はタイ、中国、ブータン、ドバイ、ヨルダンの5カ国。海外で孤軍奮闘する日本人女性の姿を、温かい視点で描きます。旅行本としても活躍！

運動シリーズ

マラソン1年生 2009年

運動は得意じゃない著者が…マラソンに挑戦！ 観光気分でご当地マラソンを走り、完走後のごほうビールも欠かしません♪ 憧れのホノルルではフルマラソンにチャレンジ。

マラソン2年生 2010年

相変わらず記録はそこそこだけど、ラン仲間は増えてきました♪ 今回のフィナーレ、与論島のフルマラソンではサブファイブは達成できるのでしょうか…!?

まんぷくローカルマラソン旅 2013年

食材を収穫してカレーを作る「たんのカレーライスマラソン」や夜道をライトで照らす「伊平屋ムーンライトマラソン」などユニークな大会にチャレンジ！

海外マラソンRunRun旅 2014年

マラソンシリーズ最終巻は、フランス、グアム、カナダに台湾を走りぬく！ マラソンの奥深さはもちろん、観光もグルメも大盛りのシリーズ真骨頂。

体力アップ1年生 2024年

アラフィフがこんなに疲れやすいなんて…。日常の延長線上でできるエクササイズやストレッチを、体力アップのためゆる～く頑張ります。マラソンシリーズのメンバーも登場！

お互い40代婚 2018年

カニがご縁で仲良くなった通称「おつぐやん」と、お互い40代で結婚！大人の新婚生活かと思いきや妊娠・出産は待ったなし!! 40代ならではの焦燥感と貫禄(?)たっぷり。

おかあさんライフ。 2020年

２日続いた陣痛を乗り越え、長女「むーちゃん」を無事出産し、ゴール！と思ったそこはスタート地点だった…。癒しと発見に溢れた40代新米ママパパのあたふた育児ライフ。

おかあさんライフ。 毎日一緒におさんぽ編 2021年

第２弾は、娘１歳９か月～幼稚園入園までの日々。お手伝い欲に目覚めた娘につき合って日が暮れる１日、ご機嫌伺いの七五三など、予想外の連続で…。

おかあさんライフ。 今日も快走！ママチャリ編 2023年

シリーズ最終巻は、幼稚園入園まもない日から小学校入学準備までの親子時間。アラフィフ母は、雨風の日も、早朝のお弁当づくりに送り迎えにと大忙し！

etc.

30点かあさん 2007年

料理が苦手、そうじが苦手、おさいほうもすぐ飽きちゃう…。そんなトホホなかあさんだけど、いいニオイで、大好きなかあさん！じわっと笑えて懐かしい初のストーリー漫画。

30点かあさん② 2008年

弟・はやてが誕生し、ますます忙しくなるかあさん。生まれたての弟にメロメロなとーさんとねーちゃん。そしてこだまといえば、それがちょっぴりおもしろくないのでした。

暮らしシリーズ

150cmライフ。 2003年

たかぎなおこ衝撃のデビュー作！溺れそうな満員電車、必ずお直しが必要なパンツ…。「世の中のものは全て、ちょっと大きい」と感じる全国の女子に送るエッセイです。

150cmライフ。② 2004年

「150cm in スタンディングライブ」「150cm with 175cm」など、第２弾もエピソード満載。さらに、洋服のお直しリポートや、大人っぽいヘアメイクのコツまで、お役立ち情報も満載。

150cmライフ。③ 2006年

完結編は、相変わらずの暮らしぶりに加え、「自分とちょっと違う個性を持つ人」へのインタビューも。カラーページでは、世界一平均身長が高いオランダでの様子をリポート！

上京はしたけれど。 2004年

イラストレーターを夢見て上京したものの、気づけばバイトに明け暮れる日々…。東京でたくましく生きる全ての若者に送る、夢を叶えるまでの日々をつづるコミックエッセイ。

ひとりぐらしも5年め 2003年

ひとりぐらしをはじめて早５年。「わびしく質素なつくりおきごはん」「女ひとりの丼飯屋」「へっぽこ防犯」など、地に足着いたくらしぶりを大公開。

ひとりぐらしも9年め 2009年

9年めに突入し、あらゆる面でこなれまくったひとりぐらし。「念願の新聞デビュー」などの本編に加え、描き下ろし「姉妹ふたりぐらし」も収録！

ひとりぐらしも何年め？ 2015年

40代に突入し、ひとりぐらし歴も長くなり…。若くなくなってきたなぁと思いつつ、まだ新しいことにチャレンジしたい、そんな日々の生活をつづります。

親孝行できるかな？ 2015年

アラフォーになり、そろそろ親孝行したいお年頃。シルバー世代の両親を喜ばせようと韓国旅行や東京案内に奮起して…。ほろっと泣けるエッセイです。

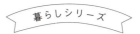

新《しん》装《そう》版《ばん》 たかぎなおこライブラリー

ひとりたび1年《ねん》生《せい》

2024年12月4日 初版発行

著者 たかぎなおこ
（佐賀県：47都道府県で唯一まだ旅したことがないので）

発行者 山下直久（オカバンゴ・デルタ：アフリカ）

発行 株式会社KADOKAWA
〒102-8177 東京都千代田区富士見2-13-3
電話0570-002-301（ナビダイヤル）

印刷所 TOPPANクロレ株式会社

ISBN 978-4-04-684122-3 C0095

（いま行ってみたい ひとり旅先）

STAFF

DTP
浦辺晴教 ビーワークス（九州一周）

校正
齋木恵津子（しまなみ海道）

営業
後藤歩里（新島村）

編集長
山﨑旬
（北海道のエスコンフィールド）

担当編集
因田亜希子（五島列島ドライブ）

編集サポート
薄葉望美（金沢で食べ歩き）
橋本愛（江ノ電沿線巡り）

ブックデザイン
あんバターオフィス
千葉柳助（京都書店巡り）
千葉慈子（箱根富士屋ホテル）

※初出：「リラックスじゃらん」
2005年11月号〜2006年10月号

HITORITABI
1NENSEI

HITORITABI
1NENSEI

TORITABI
NENSEI

HITORITABI
1NENSEI

HITORITABI
1NENSEI